CAROLA HAMANN

Deutsch als Fremdsprache

Zwischendurch mal ...

Sprechen

Niveau A1–A2

Kopiervorlagen

Hueber Verlag

Cover: © Getty Images/iStock/bernie_photo

3. 2. 1.   Die letzten Ziffern
2022 21 20 19 18   bezeichnen Zahl und Jahr des Druckes.
Alle Drucke dieser Auflage können, da unverändert,
nebeneinander benutzt werden.
1. Auflage
© 2018 Hueber Verlag GmbH & Co. KG, München, Deutschland
Umschlaggestaltung und Coverfoto: Sieveking · Agentur für Kommunikation, München
Layout & Satz: Sieveking · Agentur für Kommunikation, München
Verlagsredaktion: Lena Bengel und Ingo Heyse, beide Hueber Verlag, München
Druck und Bindung: Kessler Druck + Medien GmbH & Co. KG, Bobingen
Printed in Germany
ISBN 978-3-19-371002-4

Art. 530_24371_001_01

INHALT

VORWORT

Liebe Kursleiterinnen und Kursleiter,

einen aktiven, kommunikativen Fremdsprachenunterricht zu gestalten, stellt Lehrkräfte insbesondere auf den Niveaustufen A1 und A2 häufig vor große Herausforderungen.
Dieser Band der Reihe *Zwischendurch mal …* bietet vielfältige Sprechanlässe auf einfachem Sprachniveau, sodass Ihre Kursteilnehmenden das Gelernte aktiv anwenden können.

Zwischendurch mal … Sprechen besteht aus 20 thematisch geordneten Lektionen, in denen wichtige Sprechhandlungen der Niveaustufen A1 und A2 trainiert werden. Die meisten Lektionen bieten dabei Bearbeitungsmöglichkeiten auf beiden Niveaustufen.

Jede Lektion enthält

– eine Seite mit einer kurzen **Lehrerhandreichung**: Hinweise und Tipps für den Einsatz der Materialien im Unterricht samt einer Angabe, welche Materialien ab welcher Niveaustufe geeignet sind.

– ein bis zwei **Arbeitsblätter**, mit denen in Einzel-, Partner- oder Gruppenarbeit wichtige Redemittel aufgegriffen und trainiert werden können.

– ein bis zwei **Kopiervorlagen**, aus denen Sie mit wenig Aufwand Material für kommunikative Aufgaben und Spiele erstellen können.

Die Lektionen sind unabhängig voneinander einsetzbar, ebenso die einzelnen Arbeitsblätter und Kopiervorlagen. Die unterschiedlichen Übungstypen und die spielerischen Aktivitäten sorgen für viel Abwechslung. Daher bietet Ihnen *Zwischendurch mal … Sprechen* sehr flexibel einsetzbare Materialien, um die aus einem Lehrwerk bekannten Redemittel und Strukturen zu festigen.

Spezielle Tipps für die unterschiedlichen Einsatzmöglichkeiten der Wort- und Bildkarten finden Sie auf der gegenüberliegenden Seite.

Wir wünschen Ihnen und Ihren Lernenden viel Spaß und Erfolg!

Autorin und Verlag

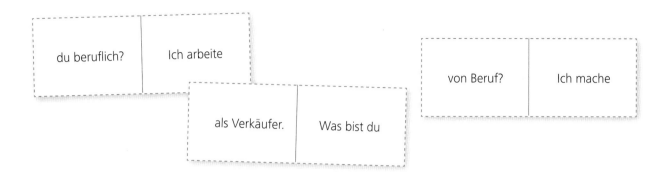

Tipp: Kopieren Sie die Kopiervorlage auf festerem Papier.

Domino: Schneiden Sie die Karten nur an den gestrichelten Linien aus. Die Karten werden gemischt und verdeckt auf einen Stapel gelegt. Die oberste Karte wird aufgedeckt auf den Tisch gelegt. Der erste TN zieht eine Karte. Passt die Karte, darf er sie an das vorhandene Kartenpaar anlegen. Beim Anlegen einer neuen Karte lesen die TN jeweils alle aufgedeckten Redemittel vor. Passt die Karte nicht, behält der TN sie und der nächste TN ist an der Reihe. Hat er eine passende Karte auf der Hand, kann er sie anlegen. Wer nichts anlegen kann / keine Karte hat, nimmt eine neue vom Stapel. So verfahren die TN reihum. Gewonnen hat, wer keine Karten mehr hat, nachdem der Stapel abgetragen ist.

Memo-Spiel: Schneiden Sie die Karten an allen Linien aus. Die Karten werden gemischt und verdeckt auf den Tisch gelegt. Der erste TN deckt zwei Karten auf und liest die Satzteile vor bzw. sagt, was auf den Karten zu sehen ist. Passen die Karten zusammen, darf er sie behalten und zwei neue aufdecken. Passen die Karten nicht zusammen, werden sie wieder umgedreht. Gewonnen hat, wer die meisten Kartenpaare gesammelt hat.

Kartenspiel: Schneiden Sie die Karten an allen Linien aus. Die Karten werden gemischt. Jeder TN bekommt die gleiche Anzahl Karten. Die TN halten die Karten in einem Fächer, sodass die Mitspieler nur die Rückseiten der Karten sehen. Der erste TN zieht bei seinem rechten Nachbarn eine beliebige Karte, ohne zu wissen, was darauf steht. Hat er ein oder mehrere Kartenpaare, legt er diese vor sich auf den Tisch und liest die Sätze vor. Dann ist sein linker Nachbar an der Reihe. Gewonnen hat, wer die meisten Kartenpaare abgelegt hat.

Begriffe raten: Verwenden Sie nur Wort- oder nur Bildkarten. Die Karten liegen verdeckt auf einem Stapel. Ein TN nimmt eine Karte und erklärt den Begriff, ohne diesen zu nennen. Beispiel: Die Karte zeigt *Kuchen*. Der TN sagt *Er ist süß. Er ist meistens rund. Man macht ihn aus Mehl, Zucker, … Man bäckt ihn.* Wer den Begriff errät, bekommt die Karte. Gewonnen hat, wer am Ende die meisten Karten hat.

Zwischendurch mal Sprechen | ISBN 978-3-19-371002-4 | © Hueber Verlag 2018

A1 Arbeitsblatt 1

1 Wer spricht?

a Die TN arbeiten in Einzel- oder Partnerarbeit. Kontrolle im Plenum.
Anschließend spielen sie die Gespräche vor.
b In Partnerarbeit finden die TN jeweils eine passende Verabschiedung
für die Situationen und spielen sie vor.

2 Und jetzt Sie!

Die TN spielen in Partnerarbeit jedes Gespräch einmal mit ihren
eigenen Namen. Achten Sie darauf, dass die TN sich entsprechend
ihrer Rollen richtig ansprechen.

A1 Arbeitsblatt 2

1 Stille Post

Bilden Sie Gruppen à 4 bis 5 TN. Jeder TN notiert verdeckt einen Namen und eine Stadt aus
der Tabelle oder eigene Ideen. TN 1 stellt sich TN 2 ganz leise vor. TN 2 gibt die Information
an TN 3 weiter usw. Jeder TN darf pro Runde einmal nachfragen, wenn eine Information
nicht gut verstanden wurde. Der letzte TN notiert den Namen und die Stadt, die er verstanden
hat. Zum Schluss werden die Angaben des ersten und des letzten Spielers verglichen.

2 Und jetzt Sie!

Die TN gehen im Kursraum umher und befragen sich gegenseitig zu ihren realen Namen,
Herkunfts- und Wohnorten.

A1 Kopiervorlage: Eine internationale Konferenz

Mit den Karten können Sie in drei Varianten spielen:
A: Die TN berichten über „sich" (Monolog im Plenum).
B: Die TN führen ein Gespräch zwischen zwei Personen (Partnerarbeit).
C: Die TN stellen einen anderen TN einem dritten vor (Gruppen à 3 TN).

1. Die TN schlüpfen in die Rolle einer Person (Frauen: weiß, Männer: mit Hinterlegung).
Für Variante C kopieren Sie die Karten doppelt. Jeder TN erhält dann zwei Karten:
eine Person, die man verkörpert, und eine Person aus der eigenen Gruppe, die man vorstellt.

2. Sammeln Sie mit den TN an der Tafel Redemittel, mit denen man …
A: sich vorstellen, sein Herkunftsland und seinen Wohnort angeben kann.
B: sich vorstellen und Fragen nach Herkunftsland und Wohnort stellen kann.
C: eine dritte Person vorstellen kann (Name, Herkunft, Wohnort).
sowie Redemittel wie *Wie bitte?, Wie schreibt man das?, Können Sie das
bitte buchstabieren?*

3. Notieren Sie zusätzliche Detektivaufgaben für die TN an der Tafel, z. B. *Wer wohnt
in Österreich / Dortmund / …?, Wer kommt aus Frankreich / Baidoa / …?, …*

Zwischendurch mal Sprechen | ISBN 978-3-19-371002-4 | © Hueber Verlag 2018

1 a *Begrüßung*. Wer spricht? Ordnen Sie die Gespräche den Fotos zu und schreiben Sie die Namen.

1 ◆ Guten Abend. Mein Name ist Müller.

   ▲ Und Ihr Vorname bitte?

   ◆ Claudia.

   ▲ Einen Moment bitte, Frau Müller.

2 ■ Guten Morgen, Doktor Zeil.

   ● Guten Morgen, Herr Götz.

3 ▼ Guten Tag, Herr und Frau Will.

   ▦ Hallo Felix.

4 ● Guten Tag.

   ◆ Guten Tag. Ich bin Maria Rossi.

   ● Willkommen, Frau Rossi!
     Ich bin Timo Beck.

5 ▼ Hi!

   ▲ Hallo!

   ▼ Ich heiße Jörg. Und du?

   ▲ Ich heiße Sylvia.

   ▼ Freut mich.

6 ● Hallo! Wie heißt du denn?

   ■ Ich bin Laura. Und wer sind Sie?

   ● Ich bin Frau Richter.

Claudia Müller

b *Verabschiedung*. Was sagen die Personen auf den Fotos? Sprechen Sie.

Auf Wiedersehen,
Frau Müller!

Tschüs, Jörg!

2 Und jetzt Sie! Spielen Sie die sechs Situationen aus Aufgabe 1 mit Ihren Namen.

Zwischendurch mal Sprechen | ISBN 978-3-19-371002-4 | © Hueber Verlag 2018
Hemera/Ersler Dmitry; F © Thinkstock/Design Pics
A© Thirkstock/iStock/iStock/monkeybusinessimages; C © Thinkstock/iStock/AlexRaths; B © Thinkstock; E ...

ARBEITSBLATT 2

1 *Stille Post.* Wählen Sie einen Namen und eine Stadt und
stellen Sie sich ganz leise Ihrer Nachbarin / Ihrem Nachbarn vor.
Sie / Er gibt die Information weiter. Man darf einmal rückfragen.

*Das ist Herr
Lehmann. Er kommt
aus ...*

Lehmann ... Kassel ...

*Mein Name ist
Lehmann. Ich komme aus
Kassel.*

*Das ist Herr
Luhmann. Er kommt
aus Basel.*

*Entschuldigung,
wie heißt er?*

*Das ist Herr Liemann.
Er kommt aus ...*

*Entschuldigung, wie
heißt er / sie?*

oder

*Entschuldigung, woher
kommt er / sie?*

Namen		Städte	
Lehmann	Liemann	Leipzig	Leinen
Lohmann	Luhmann	Weimar	Meißen
Leitner	Lienert	Kassel	Basel
Breitner	Leubner	Passau	Essen
Huber	Hopert	Bremen	Bern
Obner	Dubler	Aachen	Aarau
_____	_____	_____	_____

2 Und jetzt Sie! Sprechen Sie mit anderen im Kurs.

Wie heißen Sie?

Woher kommen Sie?

Wo wohnen Sie jetzt?

Zwischendurch mal Sprechen I ISBN 978-3-19-371002-4 I © Hueber Verlag 2018

Name:
Nguyen Tung

Herkunftsland / -ort:
Vietnam – Hanoi

Wohnort:
Schweiz – Luzern

Name:
Hoang Thi Bian

Herkunftsland / -ort:
Vietnam – Danang

Wohnort:
Österreich – Graz

Name:
Karim al Sayed

Herkunftsland / -ort:
Syrien – Damaskus

Wohnort:
Deutschland – Würzburg

Name:
Aline Hemidi

Herkunftsland / -ort:
Syrien – Latakia

Wohnort:
Österreich – Graz

Name:
Zalina Umarowa

Herkunftsland / -ort:
Russland – Grosnyj

Wohnort:
Deutschland – Berlin

Name:
Vasile Erhan

Herkunftsland / -ort:
Moldawien – Tiraspol

Wohnort:
Deutschland – Berlin

Name:
Harun Mohamadi

Herkunftsland / -ort:
Afghanistan – Kabul

Wohnort:
Österreich – Linz

Name:
Rahima Habib

Herkunftsland / -ort:
Afghanistan – Herat

Wohnort:
Deutschland – Freiburg

Name:
Klaus Müller

Herkunftsland / -ort:
Deutschland – Dresden

Wohnort:
Schweiz – Genf

Name:
Antoine Lefèvre

Herkunftsland / -ort:
Frankreich – Lyon

Wohnort:
Deutschland – Köln

Name:
Julie Durand

Herkunftsland / -ort:
Frankreich – Paris

Wohnort:
Schweiz – Basel

Name:
Hanad Mohammad

Herkunftsland / -ort:
Somalia – Baidoa

Wohnort:
Deutschland – Dortmund

Name:
Ismahan Farhad

Herkunftsland / -ort:
Somalia – Baidoa

Wohnort:
Deutschland – Dortmund

Name:
Nubia Achebe

Herkunftsland / -ort:
Nigeria – Kano

Wohnort:
Deutschland – Potsdam

Name:
Soliana Abdul

Herkunftsland / -ort:
Eritrea – Barentu

Wohnort:
Deutschland – Halle

Zwischendurch mal Sprechen | ISBN 978-3-19-371002-4 | © Hueber Verlag 2018

A1 Arbeitsblatt

1 Wie alt sind Ihre Familienmitglieder?

Die TN arbeiten in Einzelarbeit. Kontrolle im Plenum. Dann ergänzen die TN
die Angaben zu ihrer Familie.

2 Und jetzt Sie!

Die TN befragen sich in Partnerarbeit zu den Informationen in Aufgabe 1.
Die Redemittel helfen, wenn eine Frage für einen TN nicht relevant ist.

3 Ordnungszahlen

Die TN notieren die Daten in ausgeschriebener Form. Kontrolle im Plenum.

4 Und jetzt Sie!

Bilden Sie Gruppen à 4 bis 5 TN. Geben Sie jeder Gruppe eine Liste oder einen Jahreskalender.
Innerhalb ihrer Gruppe befragen sich die TN zu ihren Geburtstagen und notieren beim
entsprechenden Datum den Namen. Anschließend stellt eine Gruppe ihren Kalender vor:
Der / Die erste im Jahr ist ... Er / Sie hat am ... Geburtstag. Die anderen Gruppen ergänzen
die genannten Geburtstage im eigenen Kalender und vergleichen. Hat ein anderer TN früher
Geburtstag, wird korrigiert: *Nein. ... hat am ... Geburtstag. Das ist noch früher im Jahr.*
So wird verfahren, bis alle Namen und Geburtstage genannt wurden.

A1 Kopiervorlage 1 und 2: Der gläserne Mensch

Die TN arbeiten in Partnerarbeit. Kopieren Sie
Kopiervorlage 1 einmal und Kopiervorlage 2 zweimal
für jedes Paar. Jeder TN bekommt den oberen Teil
der Kopiervorlage 2 mit Lücken, sowie jeweils eine
der ausgefüllten Vorlagen unten für Partner A / B.
Partner A bekommt zudem die ausgeschnittenen
und gemischten Fragen und befragt Partner B. Dieser
antwortet entsprechend der Angaben auf seiner
Vorlage. Partner A notiert die Antworten in den
Lücken. Dann wird gewechselt. Weisen Sie auf die
Bedeutung der Aussage in der Sprechblase hin:
Möchte ein TN eine Information nicht verraten,
kann er / sie mit *Das sag ich Ihnen doch nicht!*
antworten. Zum Abschluss vergleichen die TN
ihre notierten Angaben mit den Vorlagen.
Schnelle Paare ergänzen weitere fiktive Angaben
und sprechen erneut.

Zwischendurch mal Sprechen | ISBN 978-3-19-371002-4 | © Hueber Verlag 2018

1   Wie alt sind Ihre Familienmitglieder? Ordnen Sie zu und beantworten Sie die Fragen.

1   Wie alt sind deine   A   du?   _____

2   Wie alt ist Ihre   B   deine Eltern?   _____

3   Wie alt ist Ihr   C   Geschwister?   _____

4   Wie alt sind   D   Frau / Ihr Mann?   _____

5   Wie alt bist   E   Sohn / Ihre Tochter?   _____

2   Und jetzt Sie! Stellen Sie Ihrer Partnerin / Ihrem Partner die Fragen aus Aufgabe 1.

Ich habe keine/n …

Ich bin nicht verheiratet.

3   *Ordnungszahlen.* Ergänzen Sie.

Wann hast du Geburtstag?

Am _ersten elften_.

Am _____ _____.

Am _____ _____.

Am _____ _____.

4   Und jetzt Sie! Fragen Sie andere im Kurs nach ihrem Geburtstag und schreiben Sie eine Liste.
Wer hat als erster, wer als letzter im Jahr Geburtstag?

zwischendurch mal sprechen | Mal sprechen | ISBN 978-3-19-3-710024-1 | © Hueber Verlag 2018

U3: 1. November © Panthermedia/Yuen Man Cheung; alle anderen © Michael Moller - stock.adobe.com

Wann sind Sie geboren?	Wann haben Sie geheiratet?
Wie alt sind Ihre Kinder?	Wie ist Ihre Hausnummer?
Wie ist Ihre Postleitzahl?	Wie ist Ihre Handynummer?
Wie ist Ihre Handy-PIN?	Wie ist Ihre Ausweisnummer?
Wie ist Ihre IBAN?	Wie ist Ihre Bank-PIN?
Wie ist Ihre Kreditkartennummer?	Wie viel verdienen Sie?
Wie viel Miete zahlen Sie?	Wie groß sind Sie?

Zwischendurch mal Sprechen | ISBN 978-3-19-371002-4 | © Hueber Verlag 2018

Der gläserne Mensch

Geburtsdatum: _____._____._____

verheiratet seit: _____._____._____

Alter Kinder: 👧 _____ 👦 _____

Das sage ich Ihnen doch nicht!

Adresse: Musterstraße _____
_____ Musterstadt

Lohn: _____,_____ Euro

Handynummer: _____
PIN: _____

Miete: _____,_____ Euro

Ausweisnummer: L ___ C P _____ V

Größe: _____ cm

IBAN: DE_____
PIN: _____

Kreditkartennummer: _____ _____ _____ _____

Partner A

Geburtsdatum:	17.08.1978
verheiratet seit:	12.06.2003
Alter Kinder:	👧 12 👦 9
Adresse:	Musterstraße 76
	12193 Musterstadt
Handynummer:	017956872319
PIN:	7956
Ausweisnummer:	L 6 C P 5134 V
IBAN:	DE76830051729442115350
PIN:	9874
Kreditkartennummer:	5930 0718 6229 5423
Lohn:	1163,29 Euro
Miete:	890,25 Euro
Größe:	165 cm

Partner B

Geburtsdatum:	13.02.1967
verheiratet seit:	20.03.1995
Alter Kinder:	👧 15 👦 19
Adresse:	Musterstraße 101
	12195 Musterstadt
Handynummer:	015412365897
PIN:	8136
Ausweisnummer:	L 8 C P 2875 V
IBAN:	DE53612574589007126453
PIN:	4265
Kreditkartennummer:	3118 7064 8926 4290
Lohn:	1643,55 Euro
Miete:	1219,64 Euro
Größe:	177 cm

Zwischendurch mal Sprechen | ISBN 978-3-19-371002-4 | © Hueber Verlag 2018

A1 Arbeitsblatt 1

1 Haben Sie Familie?

a Die TN arbeiten in Einzel- oder Partnerarbeit. Kontrolle im Plenum.

b Die TN ordnen die Fragen aus Aufgabe 1a den Antworten zu und lesen die Minigespräche zu zweit.

2 Und jetzt Sie!

a Die TN stellen sich in Partnerarbeit gegenseitig Fragen zu ihren Familien und antworten mit eigenen Angaben.

b Im Plenum berichten die TN, was sie in Aufgabe 2a erfahren haben.

A2 Arbeitsblatt 2

1 Meine Nichte Jana

a Die TN arbeiten in Einzel- oder Partnerarbeit. Kontrolle im Plenum. Anschließend spielen die TN das Gespräch zu zweit.

b Die TN ergänzen die Verwandtschaftsverhältnisse. Kontrolle im Plenum. Schnelle TN fragen auch nach den anderen Personen in Aufgabe 1a, z. B. *Wer ist Brigitte?* (Janas Mutter, Martinas Nichte, …).

c Die TN ersetzen die markierten Personen in Aufgabe 1a durch die männliche Entsprechung. Dann spielen sie das Gespräch mit den männlichen Personenangaben.

2 Und jetzt Sie!

Die TN beschreiben ihr Verwandtschaftsverhältnis zu realen Personen.
Die anderen TN erraten die konkrete Verwandtschaftsbezeichnung.

A2 Kopiervorlage: Familienstammbaum

Bilden Sie zwei Gruppen (A und B). Jeder TN bekommt einen Text A bzw. B und beide Stammbäume. Die TN lesen ihren Text und ergänzen die Namen im entsprechenden Stammbaum. Kontrollieren Sie die Stammbäume mithilfe des Schlüssels und sammeln Sie die Texte ein. Anschließend arbeiten je ein TN aus Gruppe A und B zusammen. Anhand ihres ausgefüllten Stammbaums berichten sie sich gegenseitig, wer wie mit wem verwandt ist. Dabei ergänzen sie die Namen im jeweils anderen Stammbaum. Zum Schluss vergleichen sie ihre Stammbäume.

Zwischendurch mal Sprechen | ISBN 978-3-19-371002-4 | © Hueber Verlag 2018   © Thinkstock/iStock/Xana_UKR

1 a Finden Sie 8 Fragen und schreiben Sie.

habenSieKinder|sindSieverheiratetwieheißtIhrMannsinddasIhreGeschwisterwieviele
GeschwisterhabenSiehabenSieFamiliewiealtistIhreTochterwieheißenIhreKinder

1 *Haben Sie Kinder?* _____ Ⓔ

2 _____ ◯

3 _____ ◯

4 _____ ◯

5 _____ ◯

6 _____ ◯

7 _____ ◯

8 _____ ◯

b Welche Antwort passt zu welcher Frage in Aufgabe 1a?
Ordnen Sie in Aufgabe 1a zu und spielen Sie die Minigespräche.

A Ja, schon viele Jahre.
B Markus.
C Stella und Jannis.
D 5 Monate. – Sie ist noch ein Baby.
E Nein, ich habe noch keine Kinder.
F Ja. Einen Mann und eine Tochter.
G Einen Bruder und zwei Schwestern.
H Ja, das ist meine Schwester Farida und das ist mein Bruder Farhad.

2 a Und jetzt Sie! Fragen Sie Ihre Partnerin / Ihren Partner nach ihrer / seiner Familie.

Haben Sie Kinder?

*Ja, ich habe
zwei Söhne und
eine Tochter.*

*Noch nicht,
aber meine Frau
ist schwanger.*

b Was haben Sie in Aufgabe 2a gehört? Erzählen Sie.

… ist verheiratet.

*Seine / Ihre Tochter
heißt …*

Seine Frau ist …

Er / Sie hat …

Zwischendurch mal Sprechen | ISBN 978-3-19-371002-4 | © Hueber Verlag 2018   © Thinkstock/iStock/Wavebreakmedia

1 a Ergänzen Sie die passenden Wörter und spielen Sie das Gespräch.

Cousine • Nichte • Tante

Nora: Wen möchtest du zu unserer Feier einladen?

Peter: Auf jeden Fall meine _____ (1) Jana.

Nora: Ist das die Tochter von deiner Schwester Brigitte?

Peter: Richtig.

Nora: Und wen noch?

Peter: Meine _____ (2) Veronika.

Nora: Die Tochter von deiner _____ (3) Martina?

Peter: Ja.

b **Wer ist Peter? Lesen Sie noch einmal das Gespräch in Aufgabe 1a und sprechen Sie im Kurs.**

Er ist …

A Janas _Onkel_ .

B Brigittes _____ .

C Veronikas _____ .

D Martinas _____ .

c **Ersetzen Sie die markierten Personen in Aufgabe 1a durch entsprechende männliche.
Spielen Sie das Gespräch dann noch einmal.**

Peter: Auf jeden Fall meinen Neffen Lukas.

2 **Und jetzt Sie! Wer ist das? Raten Sie.**

Jakob ist der Sohn von meiner Schwester.

Also ist Jakob dein Neffe?

Richtig!

Zwischendurch mal Sprechen | ISBN 978-3-19-371002-4 | © Hueber Verlag 2018

© Thinkstock/Fuse

Gruppe A

Heikes Familie
Hallo, ich bin Heike. Mein Mann heißt Simon.
Victoria, unsere Tochter, ist mit Peter verheiratet.
Ihr Sohn Dominik ist 5 Jahre alt.
Victoria hat eine Cousine. Sie heißt Laura und ist
noch ledig. Sie ist die Tochter von meinem Bruder
Ronald und seiner Frau Ines.
Max ist der Mann von meiner Schwester Carla.
Max und Carla haben keine Kinder.
Meine Eltern heißen Roswitha und Siegfried. Sie
sind also Victorias Großeltern. Meine Mutter ist
75 Jahre alt, mein Vater lebt leider nicht mehr.

Gruppe B

Martins Familie
Hallo, ich heiße Martin. Meine Frau heißt Uta.
Unser Sohn Robert ist Student und ledig. Seine
Freundin heißt Lina. Meine Mutter Dagmar ist
Roberts Großmutter. Sie wohnt bei uns im Haus.
Robert hat einen Onkel und zwei Tanten. Bernd
und Evelyn sind meine Geschwister. Bernds Frau
heißt Susanne. Evelyn ist nicht verheiratet, lebt
aber seit fast 20 Jahren mit Uwe zusammen.
Robert hat zwei Cousins und eine Cousine.
Tom und Sabine sind die Kinder von Bernd und
Susanne, Mathias ist der Sohn von Evelyn und Uwe.

Gruppe A

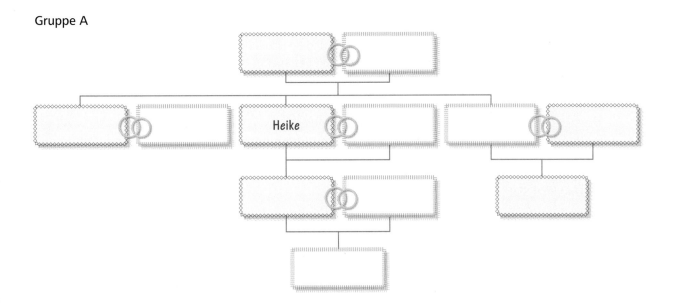

Gruppe B

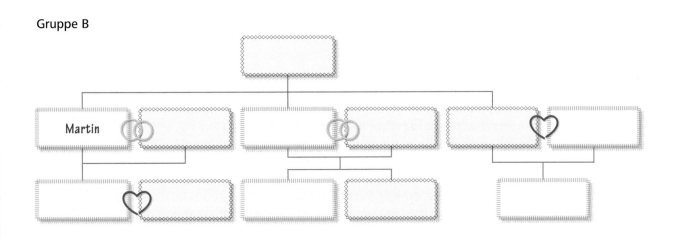

A1 Arbeitsblatt 1

1 Wann / Wie lange …?

Die TN arbeiten zuerst allein und lesen dann die Minigespräche mit verschiedenen Partnern.

2 Und jetzt Sie!

a   Die TN notieren eigene Antworten zu den Fragen in Aufgabe 1.

b   In Partnerarbeit stellen sich die TN die Fragen aus Aufgabe 1 und beantworten sie.
Die Antworten fassen sie z. B. in einer Liste zusammen und präsentieren sie im Kurs.
Geübte TN können weitere Fragen formulieren und beantworten.

A2 Arbeitsblatt 2

1 Ich hätte gern einen Termin.

a   Die TN setzen allein oder zu zweit die Gespräche zusammen und spielen sie
mit verteilten Rollen vor.

b   Die TN markieren in Aufgabe 1a die Zeitangaben und Begründungen. Dann spielen sie
die Gespräche zu zweit und variieren die markierten Passagen.

2 Am 15.03. um 14:00 Uhr.

Die angegebenen Redemittel bieten unterschiedliche Ausgangssituationen. In Partnerarbeit
wählen die TN eine Situation aus und vereinbaren einen Arzttermin. Schnelle TN können dann
die Rollen wechseln und ein weiteres Gespräch spielen.

3 Und jetzt Sie!

Die TN notieren pro Tag einen Termin. Zu zweit finden sie entsprechend ihrer Einträge einen
gemeinsamen Termin. Geübte TN formulieren weitere Fragen oder sagen, dass sie eigene
Termine absagen oder verschieben, um einen gemeinsamen Termin zu finden.

A1 / A2 Kopiervorlage: Uhrzeit-Domino

A1: Bilden Sie Gruppen à 3 bis 4 TN. Verwenden Sie nur den oberen Teil der Kopiervorlage
mit Uhrzeiten und schneiden Sie sie an den gestrichelten Linien aus. Jeder TN erhält die gleiche
Anzahl. Der TN mit der hinterlegten Karte beginnt, legt die Karte und fragt *Wie spät ist es?*.
Wer die passende Karte (zehn vor halb acht) hat, antwortet, legt die Karte an und fragt weiter.
(Alternative: Memo-Spiel, Seite 5)

A2: Bilden Sie Gruppen à 3 bis 4 TN. Verwenden Sie alle Karten und schneiden Sie sie an den
gestrichelten Linien aus. Jeder TN erhält die gleiche Anzahl Uhrzeitkarten. Die Aktionskarten
liegen verdeckt auf dem Tisch. Der TN mit der hinterlegten Uhrzeitkarte beginnt, legt sie ab
und fragt *Was habt ihr gestern um zehn vor halb acht gemacht?.* Wer keine passende
Uhrzeitkarte hat, antwortet mit *Nichts.* Der TN mit der passenden Uhrzeitkarte zieht eine
Aktionskarte und antwortet mit der entsprechenden Tätigkeit, z. B. *Ich war im Café.* Dann legt
er seine Uhrzeitkarte an, fragt *Was habt ihr gestern um fünf vor neun gemacht?* usw.
Erschweren können Sie das Spiel mit einem Würfel. Bevor die TN eine Frage stellen, müssen sie
würfeln: Augenzahl 1–3 = Perfekt (*Was habt ihr gestern um … gemacht?*), Augenzahl 4–6 =
Präsens mit Zukunftsbezug (*Was macht ihr morgen um …?*). Die anderen TN antworten.

Zwischendurch mal Sprechen | ISBN 978-3-19-371002-4 | © Hueber Verlag 2018

1 Welche zwei Antworten passen? Kreuzen Sie an und sprechen Sie.

1 Wann musst du am Morgen aufstehen?

A (X) Um acht.   B (X) Kurz nach sechs.   C ◯ Bis 8.30 Uhr.

2 Wie lange sind deine Kinder in der Schule / im Kindergarten?

A ◯ Bis 2 Uhr.   B ◯ Von acht bis um eins.   C ◯ Kurz vor sieben.

3 Wie lange musst du arbeiten?

A ◯ Von 8 bis 17 Uhr.   B ◯ Seit ein Uhr.   C ◯ Bis vier.

4 Wann gehst du normalerweise einkaufen?

A ◯ Am Vormittag.   B ◯ Nach der Arbeit.   C ◯ Seit einer Stunde.

5 Wann kommst du am Dienstag nach Hause?

A ◯ Für zwei Stunden.   B ◯ Nach dem Training.   C ◯ Um acht.

6 Wann triffst du das nächste Mal deine Freunde?

A ◯ Morgen vor dem Kurs.   B ◯ Heute um acht.   C ◯ Vor einem Monat.

7 Wann rufst du das nächste Mal deine Familie an?

A ◯ Nicht vor 10.   B ◯ Für eine Stunde.   C ◯ Ungefähr um 11.

2 a Und jetzt Sie! Beantworten Sie die Fragen in Aufgabe 1 aus Ihrer Sicht.

1 _____
2 _____
3 _____
4 _____
5 _____
6 _____
7 _____

b Interviewen Sie andere im Kurs und präsentieren Sie ihre Antworten.

Mia muss schon um 5 aufstehen.

Hamid arbeitet von 8 bis 16 Uhr.

Zwischendurch mal Sprechen | ISBN 978-3-19-371002-4 | © Hueber Verlag 2018   © fotolia/gstockstudio

1 a Was gehört zusammen? Ordnen Sie zu.

1 ◼ Hallo Sonja. Wo bist du denn?
Der Film fängt gleich an.

A ▥ Ein Montag.
▼ Oh, da kann ich nur am Nachmittag.
◼ 15.45 Uhr?
▼ Ja, das ist in Ordnung. Danke.

2 ▼ Ich hätte gern einen Termin.
◼ Am 15.1. um 9 Uhr?
▼ Was ist das für ein Tag?

B ▼ Danke, dass Sie Bescheid sagen.
Rufen Sie an, wenn Sie wieder
gesund sind. Dann machen wir
einen neuen Termin.

3 ● Ich habe morgen um 10.00 Uhr
einen Termin bei Ihnen. Leider muss
ich den Termin verschieben.
Ich bin krank.

C ● Mein Bus hat leider Verspätung.
Aber ich bin in fünf Minuten da.
◼ In Ordnung. Ich warte.

b Markieren Sie die Zeitpunkte und Gründe in Aufgabe 1a.
Spielen Sie dann die Gespräche und variieren Sie.

2 Wählen Sie eine der drei Situationen und vereinbaren Sie einen Termin.

Kommen Sie am … um … wieder.

Ich habe einen Termin am … Leider …

Guten Tag. Ich möchte
gern einen Termin.

Praxis Dr. Funkel		
	Dienstag, 15.03.	Mittwoch, 16.03.
13.00	R. Gebler	_____
13.15	D. Schmidt	_____
14.00	_____	B. Brandl
14.30	F. Kunze	_____
15.45	_____	_____

15.45	_____	Treffen mit Ina
14.30	Autowerkstatt	_____
14.00	Frisör	_____
13.15	_____	Prüfung
13.00	_____	Prüfung
	15. Dienstag	16. Mittwoch
Mein Kalender – März		

3 Und jetzt Sie! Notieren Sie im Kalender Ihre Pläne und Termine mit Uhrzeit.
Verabreden Sie sich dann mit anderen im Kurs.

Freitag	_____
	_____
Samstag	_____
	_____
Sonntag	_____
	_____

Kannst du mir
am Freitag beim
Umzug helfen?

Hast du am Freitag
nach der Arbeit Zeit
für ein Bier?

Kannst du uns
am Samstagmittag zum
Flughafen bringen?

Wir wollen am Sonntag
einen Ausflug machen.
Kommst du mit?

Zwischendurch mal Sprechen | ISBN 978-3-19-371002-4 | © Hueber Verlag 2018

Zwischendurch mal Sprechen | ISBN 978-3-19-371002-4 | © Hueber Verlag 2018

Viertel nach sechs		zehn vor halb acht	
fünf vor neun		fünf nach halb elf	
Viertel vor zwei		zwanzig nach drei	
fünf nach sechs		zwanzig nach sechs	
zehn vor neun		Viertel nach elf	
halb acht		zehn vor zwölf	

im Café sein	eine Wohnung besichtigen	die Küche renovieren	ein Fahrrad kaufen
Freunde besuchen	Fahrrad fahren	im Garten arbeiten	Radio hören
Tischtennis spielen	sich mit Kollegen unterhalten	mit dem Bus nach Hause fahren	schlafen

A1 Arbeitsblatt 1

1 Was machst du heute?

Die TN ordnen die Aktivitäten den Fotos zu und befragen sich dann gegenseitig zu ihren Plänen für den Tag.

2 Was machen die Personen?

a Die TN berichten sich in Partnerarbeit gegenseitig über den Tagesablauf der Personen und ergänzen ihre Tabellen. Zeichnen Sie die Tageszeiten an die Tafel und beschriften Sie: *am Morgen, am Vormittag, am Nachmittag, am Abend*.

b Bilden Sie Gruppen à 4 TN, die in Aufgabe 2a jeweils die Angaben zur gleichen Person notiert haben. Jeder TN beschreibt einen Tagesabschnitt. Dafür fragt TN 1 nach einem Tagesabschnitt, TN 2 antwortet, fragt dann TN 3 usw.

3 Und jetzt Sie!

Die TN beschreiben im Plenum den eigenen Tagesablauf.

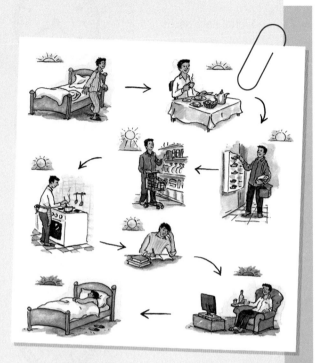

A2 Arbeitsblatt 2

1 Zuerst …

Die TN lesen zu zweit das Gespräch und sortieren dann die Bilder. Schreiben Sie an die Tafel: *Zuerst / Dann / Danach / Anschließend …* Im Plenum fassen die TN den Ablauf zusammen.

2 Welcher Typ sind Sie?

a Die TN geben an, ob sie eher der entspannte oder der pflichtbewusste Typ sind.

b TN 1 wählt eine Aktivität aus und stellt eine Frage wie in Aufgabe 2a. TN 2 findet eine Ausrede und antwortet. Dann wird gewechselt.

3 Und jetzt Sie!

Je zwei TN besprechen, was sie wann machen möchten, und sortieren die Bilder. Sie können Aktivitäten weglassen oder andere ergänzen. Im Kurs stellen sie ihren Tagesablauf vor.

A1 / A2 Kopiervorlage: *Zuerst müssen wir noch …!*

Aufgabe ist es, eine Tätigkeit zu finden, die einer anderen vorausgehen muss. Verwenden Sie für A1 nur die weißen Textkarten und die dazu passenden Bildkarten, für A2 alle Karten. Bilden Sie Kleingruppen. Die Textkarten liegen verdeckt auf einem Stapel, die Bildkarten sind offen auf dem Tisch verteilt. TN 1 zieht eine Textkarte und liest vor. Die anderen suchen ein passendes Bild und formulieren eine Reaktion, z. B. *Vorher / Zuerst müssen wir noch Geld holen!* Sie können an der Tafel weitere Redemittel sammeln, z. B. *Lass uns vorher …* Wer eine passende Antwort gegeben hat, zieht die nächste Textkarte.

Zwischendurch mal Sprechen | ISBN 978-3-19-371002-4 | © Hueber Verlag 2018

1 Ordnen Sie zu und sprechen Sie.

 A ⑥  B ◯  C ◯  D ◯  E ◯  F ◯  G ◯

1 staubsaugen · **2** abwaschen ·
3 Gitarre üben · **4** Wäsche waschen ·
5 im Garten arbeiten · **6** ~~joggen~~ ·
7 die Fenster putzen

Was machst du heute?

Ich möchte Gitarre üben, aber ich muss ...

2 a **Was machen die Personen wann? Sprechen Sie mit Ihrer Partnerin / Ihrem Partner und ergänzen Sie.**

Partner A

	🌅	☀️	🌤️	🌇
Max	joggen – duschen – frühstücken	Wäsche waschen – aufräumen – einkaufen	lesen – im Garten arbeiten	mit Freunden telefonieren – ins Kino gehen
Carla				

Was macht Carla am Morgen?

Zuerst ...

Und was macht sie dann?

Zuerst ... | Anschließend ... | Dann ... | Danach ...

- -

Danach ... | Dann ... | Anschließend ... | Zuerst ...

Und was macht er danach?

	🌅	☀️	🌤️	🌇
Carla	duschen – die Zeitung holen – Kaffee trinken	Kuchen backen – abwaschen – staubsaugen	Klavier üben – Tennis spielen	Freunde treffen – tanzen gehen
Max				

Zuerst ...

Was macht Max am Morgen?

Partner B

b **Beschreiben Sie einen Tagesabschnitt von einer Person aus Aufgabe 2 a. Die anderen vergleichen.**

3 **Und jetzt Sie! Was machen Sie an einem typischen Samstag? Erzählen Sie.**

Zwischendurch mal Sprechen | ISBN 978-3-19-3710002-4 | © Hueber Verlag 2018
A © Shotshop/Monkey Business 2; B © fotolia/WavebreakMediaMicro; D © Thinkstock/iStock/MariaDubova; E © Thinkstock/BananaStock; F © Thinkstock/Yuri Arcurs/
Jupiterimages; G © PantherMedia/Christian Fickinger; Zeichnungen Tageszeiten: Jörg Saupe, Düsseldorf

ARBEITSBLATT 2

1 Was machen die Personen wann? Lesen Sie das Gespräch und sortieren Sie die Bilder. Fassen Sie dann den Tagesablauf zusammen.

 A  B  C  D  E  F 1

- ■ Sofie, ich habe für heute Nachmittag Agneta und Lars zum Kaffee eingeladen.
- ● Prima. Ich backe uns gleich einen Kuchen.
- ■ Vielleicht sollten wir noch staubsaugen?
- ● Ja, Samuel, aber später. Es ist besser, ich backe zuerst. Dann kannst du das Geschirr abwaschen und staubsaugen. Danach wische ich den Boden.
- ■ Super. Dann sind wir bis zum Mittag fertig und können uns noch etwas ausruhen.
- ● Genau. Und dann essen wir Kuchen. Vielleicht haben die beiden danach noch Lust auf einen Spaziergang …

 G

2 a Lesen Sie die Gespräche. Welcher Typ sind Sie? Kreuzen Sie an.

Typ A: Erst der Spaß, dann die Arbeit. ◯

- ■ Wäschst du bitte das Geschirr ab?
- ● Ja, später. Zuerst will ich mein Buch zu Ende lesen und dann möchte ich noch kurz eine Freundin anrufen. Danach kann ich das Geschirr abwaschen.

Typ B: Erst die Arbeit, dann der Spaß. ◯

- ◆ Wollen wir ein bisschen spazieren gehen?
- ▲ Na ja, vielleicht später. Zuerst räume ich noch die Wohnung auf. Dann muss ich das Geschirr abwaschen. Wir können danach spazieren gehen.

b Ihre Partnerin / Ihr Partner hat eine Bitte oder einen Vorschlag. Was möchten Sie vorher noch machen? Spielen Sie Gespräche wie in Aufgabe 2 a.

| Fenster putzen | Film ansehen | Gitarre spielen | Müll rausbringen |

| Wäsche aufhängen | bügeln | etwas essen | für eine Prüfung lernen |

3 Und jetzt Sie! Wann möchten Sie was machen? Sortieren Sie die Bilder zu zweit und präsentieren Sie Ihren Tagesablauf im Kurs.

die Spülmaschine ausräumen | die neuen Möbel aufbauen | Freunde treffen | kochen | Kaffee trinken | das Bad putzen

Zwischendurch mal Sprechen | ISBN 978-3-19-371002-4 | © Hueber Verlag 2018
Üt: A, D: Florian Bachmeier, Schliersee; B © Thinkstock/iStock/letterberry; C © Thinkstock/iStock/sspezi; E © fotolia/Calado; F © Thinkstock/Monkey Business Images; G © iStock/nicolas_;
Ü3: von links: Florian Bachmeier, Schliersee; Florian Bachmeier, Schliersee; © Getty Images/Stockbyte/George Doyle; © Thinkstock/iStock/Zoran Zeremski; © Thinkstock/Monkeybusinessimages; © Thinkstock/iStock/AlexRaths

Wollen wir heute Abend grillen?	Ich möchte am Samstagabend ins Restaurant gehen.	Ich wasche schon mal die Töpfe ab.
Wir müssen noch einkaufen.	Wir fahren heute mal mit der Straßenbahn und nicht mit dem Auto, okay?	Lass uns heute eine Radtour machen.
Ich schlage vor, wir gehen im Urlaub wandern.	Am Sonntag sind wir bei Sonja zum Geburtstag eingeladen.	Wollen wir heute einen Ausflug mit dem Auto machen?
Du brauchst noch ein neues Foto für den Pass.	Kann ich das Formular schon abgeben?	Schließt du die Wohnungstür ab?

Fleisch kaufen
© Thinkstock/iStock/sergeyryzhov

Geld holen
© Thinkstock/iStock/meteo021

Wanderschuhe kaufen
© Thinkstock/iStock/meteo021

zum Friseur gehen
© Getty Images/E+/EXTREME-PHOTOGRAPHER

einen Tisch reservieren
© Thinkstock/iStock/JackF

Fahrkarten kaufen
© georgerudy - stock.adobe.com

ein Geschenk kaufen
© Monika Wisniewska - stock.adobe.com

unterschreiben
© Thinkstock/iStock/ridofranz

die Gläser abwaschen
© Thinkstock/iStock/PavelRodimov

das Fahrrad reparieren
© Thinkstock/iStock/kadmy

tanken
© Thinkstock/iStock/scyther5

den Wohnungsschlüssel finden
© StudioGi - stock.adobe.com

Zwischendurch mal Sprechen | ISBN 978-3-19-371002-4 | © Hueber Verlag 2018

A1 Arbeitsblatt 1

1 Lebensmittel einkaufen

a Die TN lesen die Sätze laut und ordnen sie
den Personen zu.

b Die TN ergänzen die passenden Sätze aus
Aufgabe 1a und spielen die Gespräche.
Sie markieren die Lebensmittel und überlegen,
wo die Gespräche stattfinden könnten.

2 Und jetzt Sie!

Richten Sie mehrere Stationen ein, z. B. eine Bäckerei, einen Supermarkt, einen Obst- und
Gemüsestand. Die TN führen dort anhand ihrer Einkaufslisten Gespräche. Dabei übernehmen
sie abwechselnd die Rolle des Verkäufers bzw. des Kunden.

A2 Arbeitsblatt 2

1 Im Restaurant

Die TN sortieren die Gespräche und lesen sie in der richtigen Reihenfolge vor.

2 Und jetzt Sie!

Die TN arbeiten zu zweit oder zu dritt. Schwächere Gruppen suchen sich ein Gespräch aus
Aufgabe 1 aus und variieren es mit den Angaben auf der Speisekarte oder eigenen Ideen.
Stärkere Gruppen spielen ein komplettes Gespräch, in dem sie Inhalte mehrerer Situationen
verarbeiten.

A1 / A2 Kopiervorlage: Wort-Bild-Karten

Sie können die Wort-Bild-Karten auf unterschiedliche Weise verwenden.

A1: **A:** Bilden Sie Gruppen à 3 bis 4 TN. Bilder und Wörter liegen verdeckt auf zwei Stapeln.
TN 1 zieht ein Wort und fragt *Ist das …?*. TN 2 zieht ein Bild und antwortet *Ja, das ist … /
Nein, das ist kein/e …* Passen die Karten nicht zusammen, kommen sie wieder unter die
Stapel. Passen sie, behält TN 2 beide Karten und stellt die nächste Frage. Gewonnen hat,
wer am Ende die meisten Karten hat. (Alternative: Memo-Spiel, siehe Seite 5)
B: Bilden Sie Gruppen à 4 TN. Jeder TN bekommt gleich viele Wort- und Bildkarten.
TN 1 wählt eine Wortkarte und sagt *Ich brauche … / Ich möchte gern … / Haben Sie …?*.
Der TN mit dem passenden Bild gibt es TN 1 (z. B. *Hier, bitte.*)
C: Bilden Sie Gruppen à 3 bis 4 TN. Bilder und Wörter liegen verdeckt auf dem Tisch.
TN 1 zieht eine Karte und sagt, ob er / sie das mag / gern isst, ihm / ihr das schmeckt, …
Die anderen stimmen zu oder widersprechen.

A2: **A:** Die TN spielen wie bei A1, Variante C, aber sie begründen ihre Aussagen (z. B. *sehr süß,
zu fett*). Sammeln Sie zur Vorbereitung Adjektive, mit denen man über Lebensmittel
sprechen kann.
B: Begriffe raten: Spielen Sie im Plenum oder bilden Sie Gruppen à 4 TN.
Kopieren Sie die Vorlage pro Gruppe einmal. Spielverlauf: siehe Seite 5.

Zwischendurch mal Sprechen | ISBN 978-3-19-371002-4 | © Hueber Verlag 2018   © iStock/SolStock

1 a Verkäuferin / Verkäufer (V) oder Kundin / Kunde (K)? Wer sagt was? Ordnen Sie zu.

1 (K) Entschuldigung, wo finde ich die Hefe?

2 ◯ Nein danke, ich brauche heute keine.

3 ◯ Bananen, jetzt nur 1,49 Euro das Kilo!

4 ◯ Zwei Stück Schokokuchen bitte.

5 ◯ Haben Sie auch Bulgur?

6 ◯ Das macht 2,90 Euro.

7 ◯ Ist das alles?

b Ergänzen Sie jeweils noch einen Satz aus Aufgabe 1a.
Wo finden die Gespräche statt? Ordnen Sie zu.

1 (C) ▼ Zwei Stück Schokokuchen bitte.

◼ <u>Ist das alles?</u>

▼ Ja.

◼ _____

_____

2 ◯ ◼ _____

_____

◉ Leider nicht.

3 ◯ ◆ _____

_____

▲ Dort im Kühlregal, neben der Butter.

4 ◯ ◉ Bananen jetzt nur 1,49 Euro das Kilo! Kaufen Sie!

◆ _____

_____

2 Und jetzt Sie! Schreiben Sie eine Einkaufsliste. Spielen Sie dann kleine Gespräche wie in Aufgabe 1b.

Zwischendurch mal Sprechen | ISBN 978-3-19-371002-4 | © Hueber Verlag 2018
Üta: V © Thinkstock/iStock/rudolfgeiger; B © Thinkstock/iStock/mcrosno; C © Thinkstock/iStock/
michaelpuche; Ütb: A © Thinkstock/iStock/LuckyBusiness; K © Thinkstock/iStock/
JackF; D © Thinkstock/Zoonar RF; U2 © Thinkstock/iStock/boggy22

1 *Im Restaurant.* Welches Gespräch passt zu welchem Bild? Lesen Sie und ordnen Sie zu.

A ③   B   C   D

① ◆ Bist du mit deinem Essen zufrieden?

● Nicht ganz. Meine Kartoffeln sind viel zu salzig.

◆ Oh. Dann gib doch dem Kellner Bescheid. Du bekommst sicher neue Kartoffeln.

● Ja, das mache ich. Wie schmeckt dein Fisch?

◆ Sehr gut!

② ● Die Rechnung bitte.

■ Alles zusammen oder getrennt?

● Zusammen.

■ Gern. … Das macht 32,60 Euro.

③ ● Guten Abend. Wir haben einen Tisch reserviert.

■ Wie ist Ihr Name, bitte?

● Liebner.

■ Ah ja, Herr Liebner. Ihr Tisch ist gleich hier.

④ ■ Darf ich Ihnen schon etwas zu Trinken bringen?

● Ja gern. Einen Apfelsaft und ein Bier.

■ Möchten Sie auch schon das Essen bestellen?

◆ Was können Sie empfehlen?

■ Die Forelle ist sehr gut.

◆ Gut. Ich probiere die Forelle.

● Für mich einen Rinderbraten, bitte. Kann ich dazu Kartoffeln bekommen?

■ Natürlich. Also eine Forelle und einen Rinderbraten mit Kartoffeln.

2 Und jetzt Sie! Spielen Sie ein Gespräch im Restaurant.

Speisekarte

Hauptgerichte		Getränke	
Hähnchen mit Pommes frites	11,50 €	Cola	2,10 €
Rinderbraten mit Klößen und Rotkohl	16,50 €	Apfelsaft	2,30 €
Schweinebraten mit Kartoffeln		Orangensaft	2,30 €
und Bohnen	13,50 €	Mineralwasser	1,80 €
Bratwurst mit Kartoffeln			
und Blumenkohl	8,90 €		
Forelle mit Kartoffeln und Salat	15,90 €		

Zwischendurch mal Sprechen | ISBN 978-3-19-371002-4 | © Hueber Verlag 2018

Fleisch		Tee	
	© Thinkstock/iStock/stanislaff		© Thinkstock/iStock/Evgeny Karandaev
Fisch		Kaffee	
	© fotolia/photocrew		© Thinkstock/iStock/ValentynVolkov
Gemüse		Bier	
	© Thinkstock/Hemera/Olga Chernetskay		© fotolia/eyetronic
Käse		Apfelsaft	
	© Thinkstock/iStock/levkr		© fotolia/womue
Reis		Mineralwasser	
	© Thinkstock/iStock/etienne voss		© Thinkstock/iStock/Pavlo_K
Schokolade		Obst	
	© fotolia/Edvin selimovic		© Thinkstock/iStock/destillat
Brot		Eis	
	© fotolia/emuck		© Thinkstock/iStockphoto
Salat		Kuchen	
	© MEV/Creativstudio		© fotolia/Ideenkoch

Zwischendurch mal Sprechen | ISBN 978-3-19-371002-4 | © Hueber Verlag 2018

A1 Arbeitsblatt 1

1 Schau mal, die Schuhe!

a Die TN kreuzen das passende Bild an und spielen
  das Gespräch mit emotionalem Ausdruck vor.
b Zu zweit erarbeiten die TN ein ähnliches Gespräch zu
  dem anderen Bild aus Aufgabe 1a und spielen es vor.

2 Und jetzt Sie!

Die TN berichten über ihre eigenen Vorlieben bei Kleidung.
Geübte TN können auch einfache Vermutungen über die
Lieblingskleidung anderer TN äußern.

3 Ist die Jacke für Sie?

Die TN arbeiten in Partnerarbeit. Die Unterstreichungen
markieren die Repliken des Verkäufers bzw. Kunden.

4 Und jetzt Sie!

Die TN erarbeiten selbst Gespräche zwischen Kunde / Kundin und Verkäufer/in.

A2 Arbeitsblatt 2

1 Was suchen Sie?

Die TN ergänzen die Endungen und formulieren Sätze wie in den Beispielen.

2 Kann ich Ihnen helfen?

Sammeln Sie an der Tafel noch einmal Farben und Adjektive. In Partnerarbeit führen
die TN dann kleine Gespräche wie im Beispiel.

3 Und jetzt Sie!

Die TN ergänzen auf den Karten eigene Ideen, was sie suchen oder verkaufen möchten.
Dann gehen sie im Kursraum umher und verhandeln mit den anderen TN.

A1 / A2 Kopiervorlage: Welches Kleid steht mir besser?

Die TN arbeiten zu zweit oder zu dritt. Verwenden Sie für A2 alle Gesprächskarten,
für A1 nur die weißen.
Die Gesprächs- und Bildkarten werden mit der Schrift bzw. Abbildung nach unten
auf zwei Stapel gelegt. Schreiben Sie die Aufgaben an die Tafel:
1. Ziehen Sie eine Gesprächskarte und lesen Sie das Gespräch zu zweit.
2. Ziehen Sie dann eine Bildkarte und variieren Sie das Gespräch.
Schwächere TN verwenden nur die Bildkarten. Sie beschreiben die Kleidungsstücke oder
erzählen, ob sie diese Kleidungsstücke gern tragen / die Farben mögen / …

Zwischendurch mal Sprechen | ISBN 978-3-19-371002-4 | © Hueber Verlag 2018

1 a Über welche Kleidung sprechen die Personen? Lesen Sie das Gespräch und kreuzen Sie an.

▪ Schau mal, die Schuhe! Die möchte ich auch haben!

● Und die Hose sieht super aus!

▪ Der Mantel ist aber auch nicht schlecht.

● Ja, der gefällt mir auch.

▪ Nur das Hemd passt nicht richtig, finde ich.

   Die Farbe ist nicht schön.

● Stimmt. Aber der Hut ist doch toll!

   Komm. Wir gehen in den Laden.

   Vielleicht können wir etwas für dich kaufen.

A

B

b Spielen Sie ein ähnliches Gespräch zu dem anderen Bild in Aufgabe 1a.

2 Und jetzt Sie! Was tragen Sie gern? Erzählen Sie.

> *Ich ziehe gern … an.*

> *Am liebsten trage ich …*

> *Meine Lieblingsjacke ist …*

3 Was passt? Ordnen Sie Fragen und Antworten zu.
Spielen Sie dann das Gespräch zwischen <u>Verkäufer</u> und <u>Kunde</u>.

1 Kann ich Ihnen helfen?

2 Ist die Jacke für Sie?

3 Welche Größe haben Sie?

4 OK. Gefällt Ihnen diese Farbe?

5 Haben Sie sie auch in Grau?

6 Hier. Möchten Sie diese anprobieren?

7 Passt sie Ihnen?

8 Haben Sie sie eine Nummer kleiner?

9 Wie viel kostet diese Jacke?

A Vierunddreißig Euro.

B Sie ist ein bisschen zu weit.

C Ja. Ich suche eine Jacke.

D Hier bitte, Größe 46.

E Gern.

F Ja, für mich.

G Achtundvierzig.

H Nein, nicht besonders.

I Leider nicht. Ich suche eine andere Jacke für Sie.

4 Und jetzt Sie! Was möchten Sie kaufen? Spielen Sie ein Gespräch im Laden.

> *Wie kann ich Ihnen helfen?*

> *Ich brauche … / Haben Sie …?*

Zwischendurch mal Sprechen | ISBN 978-3-19-371002-4 | © Hueber Verlag 2018   © Corbis

ARBEITSBLATT 2

1 Was suchen oder brauchen Sie? Ergänzen Sie die Endungen, wo nötig, und sprechen Sie.

1 breit – der Gürtel → ein**en** breit_____ Gürtel

2 rot – die Bluse → ein_____ rot_____ Bluse

3 hübsch – das Hemd → ein_____ hübsch_____ Hemd

4 schwarz – die Handschuhe → schwarz_____ Handschuhe

Ich brauche warme Stiefel.

Ich suche einen grünen Pullover.

2 Spielen Sie das Gespräch und variieren Sie.

■ Kann ich Ihnen helfen?

● Ja, ich suche einen Pullover.

■ Und was für einen?

● Einen schwarzen.

eine warme Mütze

eine dicke Jacke

3 Und jetzt Sie! Kaufen und verkaufen Sie im Kurs.

═══ ICH SUCHE: ═══

Kleidungsstück: _____

Farbe: _____

Größe: _____

Preis: max. _____

═══ ZU VERKAUFEN: ═══

Kleidungsstück: _____

Farbe: _____

Größe: _____

Preis: min. _____

═══ ICH SUCHE: ═══

Kleidungsstück: _____

Farbe: _____

Größe: _____

Preis: max. _____

═══ ZU VERKAUFEN: ═══

Kleidungsstück: _____

Farbe: _____

Größe: _____

Preis: min. _____

Guten Tag. Ich suche …

Haben Sie …?

Tut mir leid, so etwas habe ich nicht im Angebot.

Oh, das ist aber teuer!

Na gut. Eigentlich wollte ich lieber … Aber ich nehme …

Ja, ich habe … Aber …

Wie viel kostet …?

Welche Größe brauchen Sie?

Zwischendurch mal Sprechen | ISBN 978-3-19-371002-4 | © Hueber Verlag 2018   Mütze © Thinkstock/iStock/typo-graphics; Jacke © Thinkstock/iStock/tarasov_vl

Kleid blau © Thinkstock/iStock/Tarzhanova;
Kleid schwarz © Thinkstock/iStock/Gordana Sermek

Shirt orange © Thinkstock/iStock/ekremguduk;
Shirt gelb © fotolia/Alexandra Karamyshev

Bluse grau © Thinkstock/iStock/John_Kasawa;
Bluse blau © fotolia/Alexandra Karamyshev

beide Röcke © fotolia/Alexandra Karamyshev

Jacke grün © fotolia/Ruslan Kudrin;
Jacke rot © Thinkstock/iStock/popovaphoto

Mütze braun © Thinkstock/iStock/Tarzhanova;
Mütze rot © Thinkstock/iStock/Vitalily73

Hose blau © Thinkstock/iStock; Hose grün © iStock/deniztuyel

Pullover weiß © iStock/AlexKalina;
Pullover orange © fotolia/srki66

Hut grün © Thinkstock/Zoonar/homydesign;
Hut grau © Thinkstock/iStock/Amorphis

Hemd rot © Thinkstock/iStock/dejan Jekic;
Hemd blau © Thinkstock/iStock/tombaky

Mantel braun © Thinkstock/iStock/Suljo;
Mantel blau © fotolia/Tarzhanova

Gürtel schwarz © Thinkstock/iStock/mbongorus;
Gürtel braun © Thinkstock/iStock/Lungth

■ Welches Kleid steht mir besser?
● Das rote.

● Passt Ihnen der grüne Mantel?
■ Er ist etwas eng. Ich probiere noch den grauen an.

● Welches T-Shirt gefällt Ihnen besser?
■ Das blaue.

◆ Der rote Pullover ist mir zu groß.
● Möchten Sie den blauen anprobieren?
Er ist kleiner.

◆ Haben Sie auch ein weißes Hemd?
● Ja, hier bitte.

■ Haben Sie die graue Hose eine Nummer kleiner?
● Nein, leider nicht. Da kann ich Ihnen nur diese
schwarze Hose anbieten.

■ Der Rock da sieht ja toll aus!
◆ Welcher?
■ Na der gelbe.

◆ Ich finde die graue Jacke sehr schön.
● Die gibt es leider nicht in Ihrer Größe. Nehmen Sie
doch die schwarze. Sie ist etwas größer.

Zwischendurch mal Sprechen | ISBN 978-3-19-371002-4 | © Hueber Verlag 2018

A1 Arbeitsblatt 1

1 Was machen Sie gern?

a Die TN arbeiten in Einzel- oder Partnerarbeit. Kontrolle im Plenum.

b Die TN arbeiten in Einzelarbeit. Kontrolle im Plenum. Anschließend lesen sie
die Gespräche zu zweit. Geübte TN formulieren die Fragen mit *du*.

2 Kannst du Klavier spielen?

a Die TN lesen das Gespräch zu zweit. Dann wählen sie entsprechend ihrer realen Fähigkeiten
die passenden Redemittel aus und spielen das Gespräch erneut.

b Die TN sammeln weitere Fähigkeiten. Dann spielen sie eigene Gespräche wie in Aufgabe 2 a.
Wer möchte, spielt ein Gespräch im Plenum vor.

3 Und jetzt Sie!

Die TN lesen die Fragen. Geübte TN ergänzen weitere. In Partnerarbeit interviewen sich die TN und notieren stichpunktartig die
Antworten auf einem Zettel, ohne die Namen zu nennen.
Die Zettel werden gemischt. Im Plenum ziehen die TN der Reihe
nach einen Zettel, lesen vor und alle raten, wer diese Antwort
gegeben hat. Diejenigen TN, die die Antwort gegeben oder
aufgeschrieben haben, dürfen jeweils nicht antworten.

A2 Arbeitsblatt 2

1 Ja, und wie!

a Die TN arbeiten in Einzelarbeit. Entscheidend ist die Zuordnung zu den Smileys.
Innerhalb der vier Gruppen sind die Einträge gleichwertig.

b Die TN spielen die Gespräche mit emotionalem Ausdruck. Dann variieren sie die Gespräche
mit den angegebenen Wortpaaren und den Reaktionen aus Aufgabe 1 a.

2 Und jetzt Sie!

Die TN zeichnen eine Skala wie in Aufgabe 1 a und befragen eine Person zu ihren Interessen.
Entsprechend der Antworten notieren sie die Aktivitäten an der passenden Stelle auf ihrer
Skala. Anschließend stellen sie die Person im Plenum vor.
Variante A: Die TN wählen eine Aktivität und befragen mehrere Personen, wie sie
diese Aktivität finden. Sie notieren die Namen der Personen an der entsprechenden Stelle
auf der Skala und stellen anschließend die Ergebnisse ihrer Befragung vor.
Variante B: Die TN befragen mehrere Personen zu mehreren Aktivitäten und notieren
die Ergebnisse mit Namen und Aktivität an der entsprechenden Stelle auf der Skala.

A1 / A2 Kopiervorlage: Domino

Kopieren Sie die Vorlage pro Kleingruppe einmal. Spielverlauf: siehe Seite 5.
A1: Verwenden Sie die weißen Karten. Zum Abschluss berichten die TN,
was sie über die vier Personen wissen.
A2: Verwenden Sie die Karten mit Hinterlegung. Der TN mit der zweiten Hälfte der Frage
legt diese an und stellt die Frage einem anderen TN, der sie beantwortet.

Zwischendurch mal Sprechen I ISBN 978-3-19-371002-4 I © Hueber Verlag 2018

© Thinkstock/Stockbyte

1   a   **Was passt? Ordnen Sie zu.**

1 Wie oft   A fern?

2 Treffen Sie oft   B Musik?

3 Sehen Sie gern   C kochen?

4 Hören Sie gern   D ins Kino?

5 Wie gut können   E Freunde?

6 Können Sie gut   F Sie singen?

7 Gehen Sie manchmal G gehen Sie Ski fahren?

b   **Welche Frage in Aufgabe 1a passt zu welcher Antwort?**
    Ordnen Sie zu und spielen Sie die Minigespräche.

a ⑦ Ja, vielleicht einmal pro Monat.   e ◯ Einmal im Jahr.

b ◯ Nicht so gut, sagen die Nachbarn …   f ◯ Ja, besonders Pop.

c ◯ Nicht so gern. Ich gehe lieber ins Kino. g ◯ Ja, ich sehe sie regelmäßig.

d ◯ Ja, meiner Familie schmeckt es immer.

2   a   *Kannst du Klavier spielen?* **Spielen Sie das Gespräch und variieren Sie.**

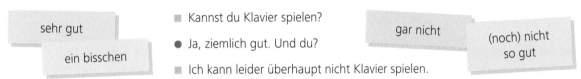

sehr gut

ein bisschen

■ Kannst du Klavier spielen?

● Ja, ziemlich gut. Und du?

■ Ich kann leider überhaupt nicht Klavier spielen.

gar nicht

(noch) nicht
so gut

b   **Sammeln Sie Interessen und Fähigkeiten und spielen Sie weitere Gespräche wie in Aufgabe 2a.**

schwimmen

3   **Und jetzt Sie! Interviewen Sie Ihre Partnerin / Ihren Partner. Sprechen Sie dann im Kurs**
über die Antworten und raten Sie: Wer hat was geantwortet?

Was sind Ihre Hobbys?

Wie oft machen Sie das?

Was machen Sie nicht gern?

Was möchten Sie gern machen, können es aber nicht gut?

Zwischendurch mal Sprechen | ISBN 978-3-19-371002-4 | © Hueber Verlag 2018

1 a Positiv oder negativ? Ordnen Sie jedem Smiley noch zwei Reaktionen zu.

~~Na ja, es geht.~~ • Ja, das finde ich okay. • Ja, und wie! • Das finde ich ehrlich gesagt langweilig. • Nicht besonders.
Ja, eigentlich schon. • Das finde ich sehr interessant! • Nein, eher nicht. • Das interessiert mich überhaupt nicht.

1 _____
_____
_____

3 *Na ja, es geht.*
_____
_____
_____
_____

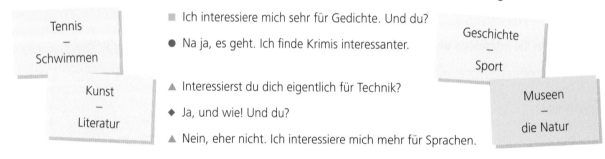

2 _____
_____
_____

4 _____
_____
_____

b Lesen Sie die Gespräche und variieren Sie. Verwenden Sie auch die Reaktionen aus Aufgabe 1a.

Tennis
–
Schwimmen

Kunst
–
Literatur

Geschichte
–
Sport

Museen
–
die Natur

■ Ich interessiere mich sehr für Gedichte. Und du?

● Na ja, es geht. Ich finde Krimis interessanter.

▲ Interessierst du dich eigentlich für Technik?

◆ Ja, und wie! Und du?

▲ Nein, eher nicht. Ich interessiere mich mehr für Sprachen.

2 Und jetzt Sie! Machen Sie eine Umfrage im Kurs und präsentieren Sie das Ergebnis.

| Fußball | die Nachrichten im Fernsehen | Musik |

| Briefmarken | Filme |

Reisen

Computerspiele

*Eliza findet
Fußball sehr interessant.
Computerspiele mag sie nicht
besonders.*

36

Zwischendurch mal Sprechen | ISBN 978-3-19-371002-4 | © Hueber Verlag 2018

oft Freunde.	Wie schön	Vanessa singt!	Mario findet
Museen toll.	Tanja schwimmt	eigentlich nicht gern.	Sahed liebt
Bücher.	Mario geht manchmal	ins Theater.	Tanja telefoniert immer
lange mit ihrer Freundin.	Vanessa mag gar	keinen Sport.	Am liebsten
schläft Mario lange.	Sahed kann	super zeichnen.	Tanja surft oft
lange im Internet.	Vanessa fotografiert oft und	reist gern.	Sahed trifft
am interessantesten?	Interessierst du	dich für Musik?	Hast du Interesse an
Physik?	Interessiert	dich Politik?	Interessiert sich jemand aus
deiner Familie für Mathematik?	Hast du Interesse	an Sprachen?	Wofür interessierst
du dich gar nicht?	Interessierst du dich	eigentlich für Kunst?	Interessieren dich
die Nachrichten im Fernsehen?	Interessierst du dich mehr für Hip-Hop	oder Rockmusik?	Hast du überhaupt
kein Interesse an Computern?	Findest du	Yoga wirklich interessant?	Interessierst du dich etwa
nicht für andere Länder?	Ich lese mit großem	Interesse Krimis. Du nicht?	Welchen Sport findest du

Zwischendurch mal Sprechen | ISBN 978-3-19-371002-4 | © Hueber Verlag 2018

A1 Arbeitsblatt 1

1 Wollen wir Fußball spielen?

a Die TN arbeiten in Einzelarbeit.
Kontrolle im Plenum.

b Die TN zeichnen zu zweit die Smileys und
legen sie verdeckt auf den Tisch.
TN 1 stellt eine Frage aus Aufgabe 1a.
TN 2 zieht einen Smiley und antwortet mit
einem dazu passenden Redemittel. Dann
wird gewechselt. Schwächere TN ordnen
zuerst die Redemittel den Smileys zu.
Weisen Sie darauf hin, dass die Intonation
dabei eine große Rolle spielt.

2 Und jetzt Sie!

Die TN lesen die Gespräche. Dann gehen sie im Kursraum umher und
verabreden sich für ihre notierten Aktivitäten.

A2 Arbeitsblatt 2

1 Hast du Lust auf …?

a Die TN lesen die Fragen und kreuzen nach ihren eigenen Interessen an.
b Schwächere TN sortieren zuerst die Redemittel nach Zusage und Absage.
In Partnerarbeit stellen sich die TN die Fragen und antworten.

2 Das geht leider nicht.

Die TN spielen zu zweit Gespräche wie im Beispiel. Die Fotos sind Beispiele für Gründe.
Schwächere TN stellen Fragen aus Aufgabe 1a, stärkere denken sich eigene aus.

3 Und jetzt Sie!

Die TN überlegen, was sie gern unternehmen möchten. Sie können dazu einen
Veranstaltungsplan aus Ihrer Stadt mitbringen. Dann verabreden sich die TN im Kurs.

A1 / A2 Kopiervorlage: Stimmt das?

Bilden Sie Gruppen à max. 6 TN. Jeder TN bekommt einen Wunschzettel und eine oder
mehrere Aufgabenkarten (A1 weiß, A2 mit Hinterlegung). Ziel ist es, die Behauptung auf
der Aufgabenkarte zu prüfen. Dazu stellen die TN ihrer Gruppe Fragen (A1: *Möchtest /
Willst du gern …?*; A2: *Wärst / Hättest / Würdest du gern …? / Stimmt es, / Ist es richtig,
dass du …?*). Die anderen TN antworten entsprechend ihrem Wunschzettel. Sammeln Sie
vorher Redemittel für positive und negative Antworten, z. B. *Ja, das stimmt. / ist richtig. /
Genau. Ich …* bzw. *Nein, ich möchte / wäre / hätte / würde lieber …* Während der
Befragung machen sich die TN Notizen. Am Ende soll das Ergebnis detailliert präsentiert
werden, z. B. *Meine Aussage ist nicht ganz richtig. Amir, Lin und Olga möchten abends
ins Kino gehen, aber die anderen wollen lieber …*

Zwischendurch mal Sprechen | ISBN 978-3-19-371002-4 | © Hueber Verlag 2018

1 a Schreiben Sie die Fragen richtig.

1 wir – spielen – Fußball – wollen – ?

Wollen wir Fußball spielen?

2 ihr – mal – wollt – nicht – machen – eine – Fahrradtour – ?

_____

3 du – mal – möchtest – zum – kommen – Schwimmtraining – mit – ?

_____

4 Sonntag – möchtest – du – ins – mit – kommen – am – Konzert – ?

_____

5 ins – gehen – wir – Stadion – am – wollen – Sonntag – ?

_____

b Zeichnen Sie die Smileys auf Kärtchen. Ihre Partnerin / Ihr Partner stellt Ihnen eine Frage aus Aufgabe 1a. Ziehen Sie einen Smiley und geben Sie eine passende Antwort.

(A) Tut mir leid, aber ich habe keine Zeit. (B) Sehr gern. (C) Ja, das ist eine super Idee.

(D) Na klar. (E) Nein, ich habe keine Lust. (F) Na gut. (G) Okay.

(H) Eigentlich nicht. (I) Schade, ich kann nicht. (J) Ich weiß nicht. Vielleicht.

2 Und jetzt Sie! Schreiben Sie drei Aktivitäten auf, die Sie gern machen möchten. Finden Sie Personen, mit denen Sie etwas gemeinsam machen können.

■ Du, Akim, ich möchte gern Rad fahren. Hast du auch Lust?

● Nein, tut mir leid, ich möchte nicht Rad fahren.

■ Schade.

■ Du, Pjotr, ich möchte gern Rad fahren. Wollen wir eine Fahrradtour machen?

◆ Na klar. Wann?

■ Vielleicht am Samstag?

◆ Tut mir leid, da habe ich keine Zeit. Vielleicht am Sonntag?

■ Ja, sehr gern.

Zwischendurch mal Sprechen | ISBN 978-3-19-371002-4 | © Hueber Verlag 2018

© Thinkstock/liquidlibrary/Jupiterimages

1 a Worauf haben Sie Lust ☺ und worauf nicht ☹? Markieren Sie.

1 Hast du Lust auf die Party heute Abend?   ☺   ☹

2 Wollen wir nach dem Kurs spazieren gehen?   ☺   ☹

3 Möchtest du übermorgen eine Radtour machen?   ☺   ☹

4 Lass uns doch mal wieder Fußball spielen, oder?   ☺   ☹

5 Wir könnten doch mal wieder Karten spielen, was meinst du?   ☺   ☹

6 Wie wäre es am Wochenende mit einem Ausflug an den See?   ☺   ☹

b **Ihre Partnerin / Ihr Partner stellt Ihnen Fragen aus Aufgabe 1a. Antworten Sie.**

(A) Warum nicht? Ich bin dafür.

(B) Das geht bei mir nicht.

(C) Prima Idee. Ich komme mit.

(D) Einverstanden.

(E) Das ist keine so gute Idee.

(F) Das passt mir leider nicht.

(G) Ich würde gern mitkommen, aber ich kann nicht.

(H) In Ordnung. Das können wir machen.

2 **Ihre Partnerin / Ihr Partner macht einen Vorschlag wie in Aufgabe 1a. Lehnen Sie höflich ab.**

■ Kommst du mit ins Museum?

Da ist eine interessante Ausstellung.

● Wann?

■ Am Sonntag.

● Du, da kann ich nicht.

Ich bekomme Besuch.

■ Schade.

● Vielleicht beim nächsten Mal.

3 **Und jetzt Sie! Finden Sie eine Person, mit der Sie etwas gemeinsam unternehmen können.**

Ich würde gern …

Ich will auch schon lange …

… interessiert mich nicht.

Schade.

Wie wäre es mit …?

Super! Dann bis …

Am … um … kann ich nicht. Ich …

Wann und wo …?

Zwischendurch mal Sprechen | ISBN 978-3-19-371002-4 | © Hueber Verlag 2018

Ü1 © iStock/IS_ImageSource; Ü2: Kalender © fotolia/Stauke; Wolken © Thinkstock/iStock/ABykov; Eintrittskarte © Björn Wylezich – stock.adobe.com; Geldbeutel © Thinkstock/iStock/releon8211

Wunschzettel

Mein Wunschzettel:

1. zu Neujahr in Paris sein
2. einen neuen Laptop haben
3. einen Malkurs machen
4. im Sommer im Meer baden
5. im Winter Ski fahren
6. abends fernsehen

Mein Wunschzettel:

1. zu Neujahr in Wien sein
2. ein neues Handy haben
3. Gitarre spielen lernen
4. im Sommer in den Bergen wandern
5. im Winter Ski fahren
6. abends ins Kino gehen

Mein Wunschzettel:

1. zu Neujahr in Paris sein
2. ein neues Handy haben
3. einen Malkurs machen
4. im Sommer eine große Radtour machen
5. im Winter wandern
6. abends tanzen gehen

Mein Wunschzettel:

1. zu Neujahr in Wien sein
2. ein neues Handy haben
3. einen Malkurs machen
4. im Sommer im Meer baden
5. im Winter Ski fahren
6. abends Freunde treffen

Mein Wunschzettel:

1. zu Neujahr in Wien sein
2. eine neue Uhr haben
3. einen Tanzkurs machen
4. im Sommer im Meer baden
5. im Winter Ski fahren
6. abends ins Kino gehen

Mein Wunschzettel:

1. zu Neujahr in Berlin sein
2. ein neues Handy haben
3. einen Malkurs machen
4. im Sommer im Meer baden
5. im Winter in den Süden fliegen
6. abends ins Kino gehen

Aufgabenkarten

Alle möchten zu Neujahr in Wien sein. STIMMT DAS?	Alle möchten gern ein neues Handy haben. STIMMT DAS?	Alle wollen einen Malkurs machen. STIMMT DAS?
Alle wollen im Sommer im Meer baden. STIMMT DAS?	Alle möchten im Winter Ski fahren. STIMMT DAS?	Alle möchten abends ins Kino gehen. STIMMT DAS?
Alle wären zu Neujahr gern in Wien. STIMMT DAS?	Alle hätten gern ein neues Handy. STIMMT DAS?	Alle würden gern einen Malkurs machen. STIMMT DAS?
Alle würden gern im Sommer im Meer baden. STIMMT DAS?	Alle würden gern im Winter Ski fahren. STIMMT DAS?	Alle würden gern abends ins Kino gehen. STIMMT DAS?

Zwischendurch mal Sprechen | ISBN 978-3-19-371002-4 | © Hueber Verlag 2018

A1 Arbeitsblatt 1

1 Mein Arm tut weh.

a Weisen Sie die TN darauf hin, dass einige Wendungen unüblich sind.
Die TN arbeiten in Einzel- oder Partnerarbeit. Kontrolle im Plenum.

b Die TN variieren das Minigespräch anhand der Bilder.

2 Arzt oder Patient?

Die TN arbeiten zu zweit und ordnen den Sätzen die Rolle *Arzt* bzw. *Patient* zu.
Dann übernimmt jeder TN eine Rolle und sie lesen sich ihre Sätze gegenseitig vor.

3 Und jetzt Sie!

Die TN schreiben ein Gespräch beim Arzt, in dem sie möglichst viele der angegebenen
Sätze verwenden und dazu mögliche Reaktionen des Patienten notieren. Im Plenum spielen
sie die Gespräche vor. Die anderen TN passen auf, wer die meisten der angegebenen
Sätze eingebaut hat.

A2 Arbeitsblatt 2

1 Gesundheit!

Die TN arbeiten zuerst in Einzelarbeit. Kontrolle im
Plenum. Dann überlegen die TN in Partnerarbeit, wie
man die Situationen auf den Abbildungen sprachlich
und gestisch umsetzen kann, und spielen die
Situationen nach.

2 Beim Arzt

Die TN sortieren das Gespräch zu zweit und
spielen es mit verteilten Rollen vor.

3 Und jetzt Sie!

Die TN wählen in Partnerarbeit einen Fall und spielen ein Gespräch zwischen Arzt und Patient.
Jeder TN übernimmt dabei eine Rolle und verarbeitet im Gespräch die Informationen auf
seinem Kärtchen.

A1 / A2 Kopiervorlage: Ratschläge

Bilden Sie Gruppen à 3 TN. Die weißen Karten werden offen auf den Tisch gelegt.
Jeder TN bekommt zwei „Problemkarten" (mit Hinterlegung). Geben Sie den TN etwas Zeit,
um sich mit dem Inhalt vertraut zu machen.
A1: Ein TN nennt sein Problem. Die anderen TN formulieren mithilfe der weißen Karten
passende Ratschläge im Imperativ.
A2: Sammeln Sie an der Tafel Redemittel für Ratschläge, z. B. *Wenn du …, dann solltest
du … / Außerdem könntest du … / Es ist wichtig, dass du … / Wenn ich …, würde ich …*
Ein TN nennt sein Problem. Die anderen TN formulieren mithilfe der weißen Karten passende
Ratschläge und verwenden dafür die Redemittel.

Zwischendurch mal Sprechen I ISBN 978-3-19-371002-4 I © Hueber Verlag 2018   © Thinkstock/iStock/didesign021

Zwischendurch mal Sprechen | ISBN 978-3-19-371002-4 | © Hueber Verlag 2018

Úta © fotolia/Monkey Business; Ü2 © Thinkstock/iStock/BakiBG

1 a Welche 4 Sätze sagt man so nicht? Was glauben Sie? Streichen Sie durch.

1 Mein Arm tut weh. → ~~Ich habe Armschmerzen.~~
2 Mein Bauch tut weh. → Ich habe Bauchschmerzen.
3 Mein Bein tut weh. → Ich habe Beinschmerzen.
4 Meine Augen tun weh. → Ich habe Augenschmerzen.
5 Mein Rücken tut weh. → Ich habe Rückenschmerzen.
6 Mein Kopf tut weh. → Ich habe Kopfschmerzen.
7 Meine Finger tun weh. → Ich habe Fingerschmerzen.

b Lesen Sie mit Ihrer Partnerin / Ihrem Partner und variieren Sie.

Was tut Ihnen weh?

Mein/e … tut / tun weh.

Ich habe …

2 Ärztin / Arzt (A) oder Patientin / Patient (P)? Wer sagt was? Ordnen Sie zu.

1 (P) Brauche ich Medikamente?
2 ( ) Haben Sie auch Fieber?
3 ( ) Haben Sie Husten?
4 ( ) Muss ich ins Krankenhaus?
5 ( ) Wo genau tut es weh?
6 ( ) Mein Hals tut seit gestern weh.
7 ( ) Ich gebe Ihnen ein Rezept.
8 ( ) Wie oft muss ich die Tabletten nehmen?
9 ( ) Machen Sie bitte den Mund auf.
10 ( ) Seit wann haben Sie die Schmerzen?

3 Und jetzt Sie! Spielen Sie ein Gespräch zwischen Arzt und Patient.
Verwenden Sie möglichst viele der Sätze unten.

Ich gebe Ihnen ein Rezept.

Guten Tag!

Wo genau tut es weh?

Wie kann ich Ihnen helfen?

Haben Sie Husten?

Seit wann haben Sie die Schmerzen?

Kommen Sie bitte nächste Woche noch einmal.

Auf Wiedersehen.

Haben Sie auch Fieber?

Nehmen Sie die Tabletten zweimal täglich.

1 Welches Bild passt? Ordnen Sie zu. Spielen Sie dann kleine Gespräche.

A

B

C

① Gute Besserung!

② Kommt gesund zurück!

③ Gesundheit!

2 Sortieren Sie das Gespräch und spielen Sie es zu zweit.

A ◯ ● Ich bin erkältet und ich habe starke Kopfschmerzen.

B ◯ ● Nein, bisher nicht.

C ◯ ▪ Na dann auf Wiedersehen. Und: Gute Besserung!

D ◯ ▪ Sie sollten trotzdem ein paar Tage im Bett bleiben. Sie könnten auch ein warmes Bad nehmen.

E ◯ ▪ Haben Sie auch Fieber?

F ◯ ● Muss ich auch Medikamente nehmen?

G ① ▪ Guten Tag. Wie kann ich Ihnen helfen?

H ◯ ● Also zweimal täglich … Gut, das mache ich. Vielen Dank.

I ◯ ▪ Ja. Ich gebe Ihnen ein Rezept. Nehmen Sie jeweils eine Tablette morgens und abends.

3 Und jetzt Sie! Spielen Sie Gespräche wie in Aufgabe 2.

Fall 1

Patient
Halsschmerzen
Fieber: 37,9
sonst noch etwas machen?

Arzt
3 Tage zu Hause bleiben
im Bett bleiben
viel trinken und schlafen
Rezept: Tabletten gegen die Schmerzen
morgens und abends 1 Tablette

Fall 2

Patient
am Bein verletzt
blutet
starke Schmerzen
arbeiten können?
baden oder duschen?

Arzt
keine große Verletzung
2 Tage zu Hause bleiben
Bein nicht viel bewegen
Verband nicht nass machen
Rezept: Tabletten gegen die Schmerzen
1 Tablette vor dem Frühstück

Zwischendurch mal Sprechen | ISBN 978-3-19-371002-4 | © Hueber Verlag 2018   A © mkrberlin - stock.adobe.com; B © Thinkstock/iStock/Ridofranz; C © Thinkstock/Goodshoot

schlecht einschlafen	im Winter so oft krank sein
leichtes Fieber haben	immer so müde sein
Probleme mit dem Rücken haben	Halsschmerzen haben
nicht zu warm schlafen – eine Temperatur von 17–18 Grad ist perfekt	am späten Abend keinen Kaffee mehr trinken
früher schlafen gehen	abends nicht zu lang am Computer arbeiten oder spielen
sich warm anziehen und eine Mütze tragen	regelmäßig in die Sauna gehen
viel Tee, Wasser oder Säfte trinken – mindestens 2 Liter am Tag	im Bett bleiben
jeden Tag 5–10 Nüsse essen	etwas gegen Stress tun, z. B. Musik hören oder ein Buch lesen
zum Arzt gehen	regelmäßig Obst und Gemüse essen
bei der Arbeit immer wieder aufstehen und ein paar Übungen machen	Milch mit Honig oder Ingwertee trinken
für kurze Wege nicht das Auto nehmen – besser Rad fahren oder zu Fuß gehen	ein warmes Bad nehmen
zweimal pro Woche schwimmen gehen	den Tag mit Sport beginnen

Zwischendurch mal Sprechen | ISBN 978-3-19-371002-4 | © Hueber Verlag 2018   © MEV/Creativstudio

A1 Arbeitsblatt 1

1 Super!

Die TN lösen die Aufgabe in Einzelarbeit. Kontrolle im Plenum. Dann suchen sich die TN zu zweit jeweils eine der passenden Reaktionen aus und spielen die Minigespräche vor. Achten Sie auf den emotionalen Ausdruck.

2 Wie geht's?

Die TN variieren die Gespräche aus Aufgabe 1. Wer möchte, spielt ein Gespräch im Plenum vor.

3 Und jetzt Sie!

Die TN befragen sich gegenseitig dazu, was sie in letzter Zeit erlebt haben (z. B. neue Wohnung / Arztbesuch / Party / Hochzeit / …) und reagieren auf das Erzählte.

A2 Arbeitsblatt 2

1 Das freut mich für dich.

Die TN überlegen zu zweit, was die Personen auf den Bildern sagen könnten. Sie ordnen jedem Bild zwei passende Sätze zu und lesen sie vor.

2 Was ist los?

a Die TN lösen die Aufgabe in Einzel- oder Partnerarbeit. Kontrolle im Plenum.
b Sammeln Sie mit den TN weitere Redemittel zum Ausdruck von Freude, Mitleid und Überraschung. Dann spielen die TN zu zweit die Minigespräche aus Aufgabe 2 a und ergänzen passende Reaktionen aus Aufgabe 1 oder weitere Ideen.

3 Und jetzt Sie!

Die TN notieren in Einzelarbeit Situationen, in denen sie sich freuen / ärgern. Dann arbeiten die TN zu zweit. TN 1 fragt nach dem Befinden. TN 2 formuliert eine Antwort anhand seiner Notizen. TN 1 reagiert darauf. Wer möchte, spielt ein Gespräch im Plenum vor. Die anderen TN können sagen, wie sie reagieren würden.

A1 / A2 Kopiervorlage: Mitleid, Freude, Überraschung

Sammeln Sie mit den TN weitere Redemittel für emotionale Reaktionen. Die TN arbeiten zu zweit. Verwenden Sie für A1 nur die weißen Karten, für A2 alle Karten. Die Karten liegen verdeckt auf dem Tisch. Die TN ziehen abwechselnd eine Karte. Wer gezogen hat, verbalisiert die Situation aus der Ich-Perspektive, der Partner reagiert entsprechend mit Redemitteln vom Arbeitsblatt oder weiteren Ideen.

Zwischendurch mal Sprechen | ISBN 978-3-19-371002-4 | © Hueber Verlag 2018

1 *Super!* Welche zwei Reaktionen passen? Markieren Sie.
Spielen Sie die kleinen Gespräche dann mit Ihrer Partnerin / Ihrem Partner.

A   Wie schade!

B   Das ist ja toll!

C   Oh, das tut mir leid.

D   Echt? Das freut mich aber!

E   Oh, ich hoffe, es ist bald wieder besser.

1 ◆   Wie geht's?

  ▲   Ach, es geht so.

  ◆   Was ist los?

  ▲   Meine Familie kommt

      an Neujahr doch nicht zu mir.

  ◆   (Ⓐ) Ⓑ (Ⓒ) Ⓓ Ⓔ

2 ▼   Wie geht es dir?

  ◼   Super! Ich habe

      eine neue Wohnung.

  ▼   Ⓐ Ⓑ Ⓒ Ⓓ Ⓔ

3 ◼   Hallo. Wie geht es dir?

  ●   Nicht so gut. Ich habe seit

      gestern Rückenschmerzen.

  ◼   Ⓐ Ⓑ Ⓒ Ⓓ Ⓔ

4 ●   Was ist mit dir?

  ◆   Ich habe den Job

      doch nicht bekommen.

  ●   Ⓐ Ⓑ Ⓒ Ⓓ Ⓔ

2 *Wie geht's?* Variieren Sie die kleinen Gespräche aus Aufgabe 1.

Stress bei der Arbeit haben	einen neuen Job haben	wieder gesund sein
Auto ist kaputt	Lieblingshose passt nicht mehr	zum Arzt müssen

3 Und jetzt Sie! Fragen Sie andere im Kurs und reagieren Sie.

Hallo. Wie geht's?

Wie war das Konzert?

Wie war euer Ausflug?

Und? Wie war dein Wochenende?

Na, wie gefällt dir dein neuer Job?

Ü1: links © Thinkstock/BananaStock; rechts © Thinkstock/iStock/Syldavia

Zwischendurch mal Sprechen | ISBN 978-3-19-371002-4 | © Hueber Verlag 2018

1 Welche zwei Sätze passen zu welchem Bild? Ordnen Sie zu.

a ① Das ist ja super!

b ◯ Das wundert mich echt.

c ◯ Das finde ich aber traurig.

d ◯ Das freut mich für dich.

e ◯ Das tut mir wirklich leid!

f ◯ Wirklich? Das überrascht mich aber!

2 a **Was passt zusammen? Ordnen Sie zu.**

1 Was ist los? Warum bist du so genervt?

2 Michael, du hast aber heute gute Laune!

3 Ira, du siehst traurig aus. Was ist denn passiert?

4 Du siehst heute richtig glücklich aus. Was ist los?

5 Worüber ärgerst du dich denn so?
  Ist etwas mit deiner Tochter?

A Mein Freund ist bei mir ausgezogen.

B Mein Handy funktioniert schon wieder nicht.

C Ich habe endlich eine Stelle als Friseurin gefunden.

D Ja, stell dir vor, sie hat eine Vier in Mathe bekommen.

E Na klar, ich fahre doch morgen mit meiner Frau
  in den Urlaub.

b Spielen Sie die kleinen Gespräche in Aufgabe 2 a.
  Ergänzen Sie dabei passende Reaktionen aus Aufgabe 1.

3 Und jetzt Sie! Was freut / ärgert / … Sie? Notieren Sie und spielen Sie kleine Gespräche.

Ich ärgere mich, dass …

Ich bin sauer, weil …

Ich bin traurig, weil …

Ich bin froh, dass …

Ich freue mich, dass …

Ist alles in Ordnung?

Wirklich? Das stört mich gar nicht.

Geht es dir gut?

Das glaube ich gern. Das würde mich auch …

Was ist los mit dir?

Das kann ich gut verstehen. Da wäre ich auch …

Zwischendurch mal Sprechen | ISBN 978-3-19-371002-4 | © Hueber Verlag 2018   1 © Thinkstock/iStock/AntonioGuillem; 2 © Thinkstock/iStock/LittleBee80; 3 © Thinkstock/AbleStock.com/Hemera Technologies

Sie waren den ganzen Samstag im Schwimmbad.	Ihr Kind hat alle Prüfungen mit *sehr gut* bestanden.	Sie haben einen kleinen Garten gekauft.
Sie waren eine Woche im Krankenhaus.	Ihre beste Freundin heiratet, aber Sie können leider nicht zur Feier gehen.	Sie haben die Stelle doch nicht bekommen.
Sie haben Kopfschmerzen.	Ihr Fuß tut weh.	Sie fahren morgen in den Urlaub.
Ihre Mutter ist krank.	Ihr Arzt sagt, Sie sind ganz gesund.	Sie haben eine neue Brille und sehen wieder besser.
Sie haben Ihren Wohnungsschlüssel verloren.	Sie haben heute Ihren Führerschein bekommen.	Sie haben ein neues Fahrrad gekauft.
Sie gehen heute mit Freunden ins Kino.	Der Aufzug ist kaputt und Sie wohnen im zehnten Stock.	Sie müssen am Samstag arbeiten und können nicht lange schlafen.
Sie haben sich beim Sport verletzt und mussten zum Arzt.	Ihre Freunde mussten das Treffen gestern Abend doch absagen.	Ihr Chef zahlt Ihnen ab sofort mehr Lohn.
Ihr Chef sagt, Sie müssen Ihren Urlaub verschieben.	Gestern war es sehr warm und Sie konnten bis spät abends draußen sitzen.	Sie hatten einen tollen Urlaub und haben viel unternommen.
Sie hatten Besuch von Freunden, die Sie lange nicht gesehen haben.	Ihre Lieblingsmannschaft hat gestern ein Spiel gewonnen.	Sie haben schlecht geschlafen, weil es in der Nacht ein starkes Gewitter gab.

Zwischendurch mal Sprechen | ISBN 978-3-19-371002-4 | © Hueber Verlag 2018

A1 Arbeitsblatt 1

1 Wo? oder Wohin?

a Die TN lösen die Aufgabe in Einzel- oder Partnerarbeit.
Kontrolle im Plenum. Dann lesen die TN die Sätze
zu zweit mit verteilten Rollen.

b Die TN gehen im Kursraum umher, stellen einander
Fragen aus Aufgabe 1a und variieren die Orte.

2 Der zerstreute Professor

Die TN lösen die Aufgabe in Einzel- oder Partnerarbeit. Kontrolle im
Plenum. Dann lesen die TN die Sätze zu zweit mit verteilten Rollen.

3 Und jetzt Sie!

Die TN spielen eigene Minigespräche wie in Aufgabe 2 vor. Achten Sie auch auf den
emotionalen Ausdruck. Im Kurs wählen die TN die lustigsten Gespräche aus.

A2 Arbeitsblatt 2

1 Freizeitaktivitäten

a Die TN lösen die Aufgabe in Einzel- oder Partnerarbeit. Kontrolle im Plenum.

b Die TN kreuzen in Aufgabe 1a an, was auf sie selbst zutrifft. Dann gehen sie im Kursraum
umher und befragen sich gegenseitig.

2 Und jetzt Sie!

Die TN berichten über ihre liebsten Freizeitaktivitäten. Die Abbildungen können unterstützen
und durch eigene Ideen ergänzt werden. Die Präsentation erfolgt als Monolog im Plenum oder
in Kleingruppen. Kleingruppen können eine Übersicht mit Namen und Aktivitäten
zusammenstellen und im Plenum präsentieren.

3 Warum kommst du erst jetzt?

a Die TN lösen die Aufgabe in Einzel- oder Partnerarbeit. Kontrolle im Plenum.

b Die TN notieren die vier Satzpaare und spielen die Minigespräche vor.

A1 / A2 Kopiervorlage: Treffen im Park

Bilden Sie Gruppen à 3 TN. Die TN wollen sich im Park treffen. Auf dem Weg rufen sie sich
gegenseitig an und möchten wissen, wo die anderen sich gerade befinden. Zuerst setzen die TN
ihre Spielfiguren auf die Startfelder. TN 1 würfelt und geht die entsprechende Anzahl Punkte
vor. TN 2 „ruft an" und fragt, wo TN 1 sich befindet. TN 1 antwortet, z. B. (bei Augenzahl 2) *Ich
gehe jetzt ins Blumengeschäft.* Dann würfelt TN 2, TN 3 „ruft an" usw. An einigen Stationen
können die TN ergänzen, was sie dort machen, z. B. *Ich bin gerade im Blumengeschäft und
kaufe Blumen für Tante Irma.*
A1: Auf den pinken Feldern verwenden die TN auch *Ich gehe jetzt zu / zum / zur ...*
Das Spiel ist zu Ende, wenn alle TN im Park sind.

Zwischendurch mal Sprechen | ISBN 978-3-19-371002-4 | © Hueber Verlag 2018   © fotolia/Dirk Schumann

1 a *Wo?* oder *Wohin?* Markieren Sie.

1 Warst du schon einmal <u>in Kiel</u>? – Nein, aber ich fahre morgen <u>nach Kiel</u>.

2 Warst du heute im Supermarkt? – Nein, ich gehe heute nur zum Bäcker.

3 Kommt ihr heute mit in den Park? – Nein, wir gehen mit Yasmin ins Theater.

4 Das Kleid ist sehr schön. Wo hast du es gekauft? – Im Kaufhaus am Markt.

5 Geht ihr nach dem Kurs gleich nach Hause? – Nein. Wir fahren noch zu Lisa.

6 Geht Ihr Sohn schon in die Schule? – Nein, er geht noch in den Kindergarten.

b Stellen Sie anderen im Kurs ähnliche Fragen wie in Aufgabe 1a.

*Warst du schon einmal
in Wien?*

2 *Der zerstreute Professor.* Ergänzen Sie und ordnen Sie zu.

auf dem • auf der • im • ~~in den~~ • in der • in die

1 Ich suche meinen Hut! ⟍   A Ja. Du hast sie doch _____ Nase!

2 Wo steht denn mein Auto? ⟋   B Sieh doch mal **in den** Kleiderschrank.

3 Meine Tasche ist weg!   C Es ist sicher noch _____ Tasche.

4 Ich finde mein Handy nicht!   D Na _____ Parkplatz, wie immer.

5 Hast du meinen Schlüssel?   E Nein. Schau mal _____ Jacke dort.

6 Hast du meine Brille gesehen? F Hast du sie _____ Auto vergessen?

3 Und jetzt Sie! Spielen Sie kleine Gespräche wie in Aufgabe 2.
Wählen Sie im Kurs die drei lustigsten Gespräche aus.

Zwischendurch mal Sprechen | ISBN 978-3-19-371002-4 | © Hueber Verlag 2018

Ü2 © Thinkstock/iStock/geniebird; Ü3: Buch © Thinkstock/iStock/ClaudioVentrella; Kugelschreiber © iStock/pathompong24; Ring © iStock/gregstanfield; Bett © Thinkstock/iStock/karammiri; T-Shirt © Thinkstock/iStock/mawielobob; Fahrrad © Thinkstock/iStock/VladislavStarozhilov, Tabletten © Thinkstock/iStock/Coprid

1 a *Freizeitaktivitäten.* Was ist richtig? Markieren Sie.

1 ◯ Am liebsten gehe ich (am – <u>an den</u>) Fluss. Und Sie?

2 ◯ Manchmal gehe ich auch (im – ins) Museum. Und Sie?

3 ◯ Ich bin mit meiner Familie gern (am – ans) Meer. Und Sie?

4 ◯ Ich bin gern (in den – im) Park und grille mit Freunden. Und Sie?

5 ◯ Ich fahre gern (vom – zum) Shoppen ins Stadtzentrum. Und Sie?

6 ◯ Ich bin sehr gern mit meinen Kindern (auf den – auf dem) Spielplatz. Und Sie?

7 ◯ Ich fahre gern mit meiner Familie zum Wandern (in den – in die) Berge. Und Sie?

b **Was machen Sie gern? Kreuzen Sie in Aufgabe 1a an und fragen Sie andere im Kurs.**

> *Am liebsten gehe ich ...*
> *Und Sie? Gehen Sie auch gern ...?*

2 **Und jetzt Sie! Wo sind / wohin gehen Sie in Ihrer Freizeit am liebsten? Erzählen Sie.**

Bibliothek

Schwimmbad

Training

Freunde

Zoo

3 a **Was passt? Ordnen Sie zu.**

1 Warum kommst du erst jetzt	A da?
2 Heute ist doch Montag. Da	B zum Zahnarzt!
3 Du kommst aber heute	C spät aus der Schule!
4 Aber du weißt doch,	D aus dem Haus gegangen.
5 Mama, ich will nicht	E bei Dr. Müller tut es nicht weh.
6 Ist Maximilian noch	F nach Hause? Es ist schon halb zwölf!
7 Na, ich war doch	G auf der Party bei Sabine. Es war echt toll!
8 Nein, er ist gerade	H gehe ich doch nachmittags immer zum Training!

b **Und jetzt Sie! Welche beiden Sätze aus Aufgabe 3a passen jeweils zusammen?**
Schreiben Sie die 4 Minigespräche und spielen Sie sie mit Emotionen vor.

Zwischendurch mal Sprechen | ISBN 978-3-19-371002-4 | © Hueber Verlag 2018

Ü1 © iStock/jpmedianinc; Ü2: Bibliothek © Thinkstock/iStock/bernardbodo; Training © Thinkstock/iStock/Ziviani; Schwimmbad © Thinkstock/Wavebreakmedia Ltd; Freunde © contrastwerkstatt - stock.adobe.com; Zoo © Thinkstock/iStock/gpointstudio

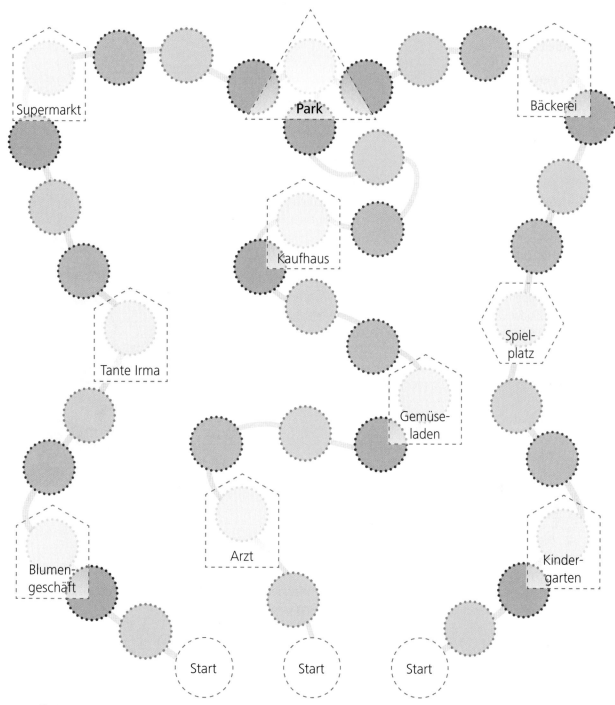

Supermarkt

Park

Bäckerei

Kaufhaus

Spiel-platz

Tante Irma

Gemüse-laden

Blumen-geschäft

Arzt

Kinder-garten

Start

Start

Start

- Hallo?

- Hallo! Sag mal … Wo bist du denn jetzt? / Wo bleibst du denn?

- Ich gehe jetzt zu / zum / zur …

  Ich gehe gerade ins / in den / in die …

  Ich bin jetzt im / in der / auf dem / bei / beim …

  Ich komme gerade aus dem / aus der / von / vom / von der …

- Okay, dann bis gleich im Park.

- Ja, bis gleich.

Zwischendurch mal Sprechen | ISBN 978-3-19-371002-4 | © Hueber Verlag 2018

A1 Arbeitsblatt 1

1 Entschuldigen Sie bitte!

Die TN lösen die Aufgabe in Einzelarbeit. Dann lesen sie die Sätze vor und beginnen jeweils mit *Entschuldigen Sie bitte!*

2 Ich suche …

a Zu zweit suchen die TN auf dem Plan die passenden Ziele zu den Gesprächen.
b Geben Sie den TN Zeit, sich die Gespräche einzuprägen. Dann spielen die TN sie mit passender Gestik vor und beginnen jeweils mit einer Einleitung aus Aufgabe 1.

3 Und jetzt Sie!

Teilen Sie den Kurs in drei Gruppen ein. Jede Gruppe notiert drei reale Orte. Die Gruppen fragen abwechselnd nach einem Ort, z. B. mit *Wie komme ich …?* oder wie in Aufgabe 2. Jede Gruppe bekommt z. B. eine Klingel. Die Gruppe, die zuerst klingelt, darf den Weg erklären. Bei richtiger Antwort bekommt diese Gruppe einen Punkt. Bei falscher Antwort bekommt die dritte Gruppe einen Punkt (oder darf versuchen, den Weg zu erklären und dann bekommt diese Gruppe oder keine einen Punkt).

A2 Arbeitsblatt 2

1 Wie komme ich …?

Die TN lösen die Aufgabe in Einzel- oder Partnerarbeit. Kontrolle im Plenum.

2 Nächster Halt …!

a Die TN lesen zu zweit das Gespräch mit beiden Fortsetzungsvarianten.
b Die TN überlegen anhand des Linienplans, welche Fortsetzungsvariante zu welcher Fahrtrichtung passt.
c Die TN spielen mithilfe des Linienplans ähnliche Dialoge wie in Aufgabe 2 a vor. Die anderen TN überprüfen die Richtigkeit der Angaben.

3 Und jetzt Sie!

Die TN notieren je eine Frage zum eigenen Wohnort. Ein TN stellt seine Frage. Je zwei TN beschreiben den Weg. Die anderen überlegen, wessen Weg schneller ist. Dieser TN darf die nächste Frage stellen.

A1 / A2 Kopiervorlage: Wegbeschreibungen

A1: Verwenden Sie nur den Stadtplan. Zu zweit notieren die TN acht Orte vom Stadtplan auf Karten. Vier Karten bilden den Stapel *Ausgangspunkt*, vier das *Ziel*. TN 1 zieht einen Ausgangspunkt. TN 2 zieht ein Ziel und fragt nach dem Weg. TN 1 beschreibt den kürzesten Weg.
A2: Spielen Sie wie bei A1, aber verwenden Sie auch die Wegbeschreibungen. Diese liegen verdeckt auf dem Stapel *Weg*. Zusätzlich zum Ausgangspunkt zieht TN 1 eine Wegkarte und muss diese Angabe in seine Beschreibung einbauen, auch wenn der Weg dadurch länger wird.

Zwischendurch mal Sprechen | ISBN 978-3-19-371002-4 | © Hueber Verlag 2018   © Thinkstock/iStock/SanneBerg

1 *Entschuldigen Sie bitte!* Schreiben Sie die Sätze richtig.

1 ~~ich~~ – Frage – eine – habe – .

Ich _____

2 mir – Sie – können – helfen – ?

_____

3 fragen – kann – Sie – etwas – ich – ?

_____

4 einen – Sie – haben – Zeit – Moment – ?

_____

2 a *Ich suche …* Finden Sie im Plan die passenden Ziele und ergänzen Sie.

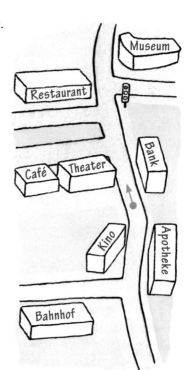

1 ▪ Ich suche *das* _____ .

● Gehen Sie geradeaus und da vorn an der Ampel nach rechts.

▪ Vielen Dank.

● Kein Problem.

2 ◆ Gibt es hier _____ ?

▲ Ja, neben dem Theater. Gehen Sie die erste Straße links.

◆ Sehr nett. Danke schön.

▲ Keine Ursache.

3 ▼ Wo ist denn _____ ?

▨ Dort hinten. Sie gehen zurück und hinter dem Kino nach rechts.

▼ Ist das weit?

▨ Nein. 5 Minuten zu Fuß.

b Spielen Sie die Gespräche. Verwenden Sie auch die Sätze aus Aufgabe 1.

3 Und jetzt Sie! Wettbewerb. Fragen Sie nach Orten in der Nähe von Ihrer Sprachschule.

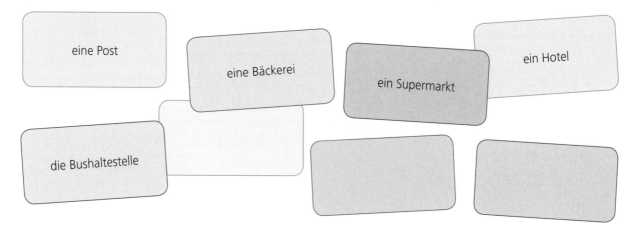

eine Post

eine Bäckerei

ein Supermarkt

ein Hotel

die Bushaltestelle

Zwischendurch mal Sprechen | ISBN 978-3-19-371002-4 | © Hueber Verlag 2018

© Thinkstock/iStock/JackF

1 *Wie komme ich …?* Ordnen Sie die Antworten zu und spielen Sie die kleinen Gespräche.

1 ◯ Entschuldigung, fährt diese Bahn zum Alexanderplatz?

2 ◯ Entschuldigung, wie komme ich am besten ins Zentrum?

3 ◯ Entschuldigung, wann fährt die nächste Bahn zum Hauptbahnhof?

A Zurzeit fahren keine Bahnen. Am Hauptbahnhof gab es einen Unfall.

B Nein, das ist die falsche Richtung. Sie müssen die Bahn da drüben nehmen.

C Fahren Sie mit der U5 bis zu Haltestelle *Tierpark*. Dort steigen Sie in die U2 um.

2 a *Nächster Halt …* Lesen Sie das Gespräch in beiden Varianten mit Ihrer Partnerin / Ihrem Partner.

> ■ Entschuldigung, haben Sie verstanden, wie die nächste Station heißt?
> ● Schulstraße …
> ■ Danke. Hm, Schulstraße.
> ● Wo wollen Sie denn aussteigen?
> ■ Am Lindenweg.

Linienplan

◯ Neudorf
◯ Zoo
◯ Theaterplatz
◯ Rheinallee
◯ Schulstraße
◯ Parkstraße
◯ Rathaus
◯ Lindenweg
◯ Bahnhof
◯ Fabrikplatz
◯ Neustadt

Variante 1
● Oh, da sind Sie drei Stationen zu weit gefahren. Steigen Sie am besten an der Schulstraße aus und fahren Sie mit der nächsten Bahn drei Stationen zurück.
■ Vielen Dank.

Variante 2
● Da müssen Sie noch drei Haltestellen weiter fahren. Ich steige auch dort aus.
■ Vielen Dank.

b **In welche Richtung fährt die U-Bahn?**
Welche Variante passt zu welcher Richtung? Ordnen Sie zu.

A Die U-Bahn fährt nach Neustadt. → Variante ◯

B Die U-Bahn fährt nach Neudorf. → Variante ◯

c Spielen Sie ähnliche Gespräche wie in Aufgabe 2 a.

3 Und jetzt Sie! Fragen Sie nach dem Weg.

> *Entschuldigung, wie komme ich zum Goetheplatz?*

> *Können Sie mir sagen, wie ich zum Hauptbahnhof komme?*

Zwischendurch mal Sprechen | ISBN 978-3-19-371002-4 | © Hueber Verlag 2018

Zwischendurch mal Sprechen | ISBN 978-3-19-371002-4 | © Hueber Verlag 2018

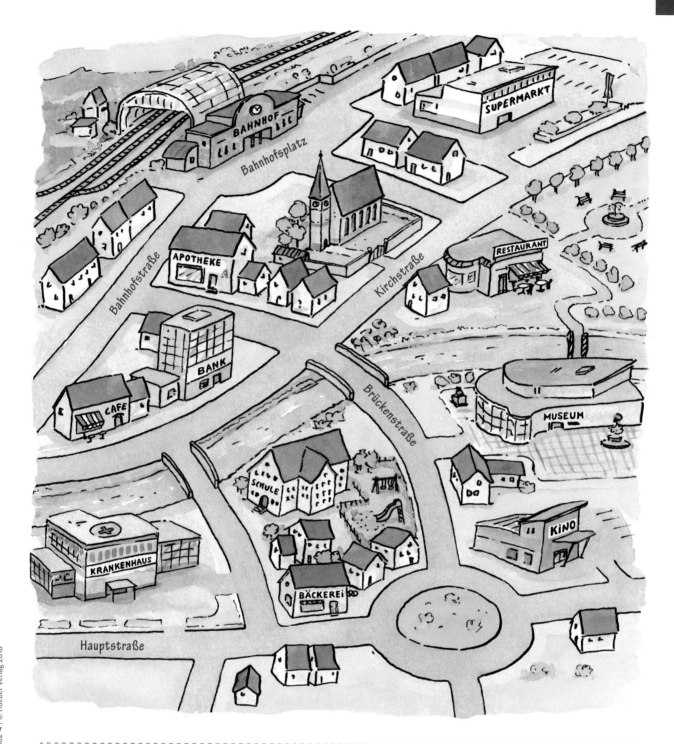

an der / am … entlang	die … entlang	durch den / die / das …
an der / am … vorbei	um den / die / das … herum	rechts abbiegen
über den / die / das …	bis zum / zur …	links abbiegen

A1 Arbeitsblatt 1

1 Was sind Sie von Beruf?

Die TN spielen das Minigespräch zu zweit. Dann variieren sie es, indem sie die Berufe ersetzen.
Die TN können die Berufe auf dem Arbeitsblatt verwenden oder andere Berufe, die sie kennen.
Wiederholen Sie, wenn nötig, vorher noch einmal die Bildung der weiblichen Form.

2 Mein Beruf

Die TN kreuzen die Sätze an, die auf sie persönlich zutreffen und ergänzen ihre Informationen,
z. B. ihren Beruf / ihre Ausbildung.

3 Und jetzt Sie!

Die TN gehen im Kursraum umher und befragen sich gegenseitig zu ihren Berufen.

A2 Arbeitsblatt 2

1 Berufserfahrung

a Die TN lösen die Aufgabe in Einzel- oder Partnerarbeit. Kontrolle im Plenum.
b Die TN lösen die Aufgabe in Einzel- oder Partnerarbeit. Kontrolle im Plenum.
  Zu jeder Frage passen je drei Antworten.
c Die TN notieren in Einzelarbeit ihre eigenen Antworten auf die Fragen in Aufgabe 1a.

2 Und jetzt Sie!

Die TN gehen im Kursraum umher und stellen sich gegenseitig die Fragen aus Aufgabe 1a.

A2 Kopiervorlage: Ausbildung und Beruf

Die Kopiervorlage kann als Grundlage für unterschiedliche Spiele dienen.
Spielverlauf: siehe Seite 5.
A: Domino: Kopieren Sie die Vorlage pro Kleingruppe einmal.
B: Memo-Spiel: Kopieren Sie die Vorlage pro Kleingruppe einmal.
C: Kartenspiel: Kopieren Sie die Vorlage pro Gruppe à 6 TN einmal.

Zwischendurch mal Sprechen | ISBN 978-3-19-371002-4 | © Hueber Verlag 2018

© Thinkstock/iStock/Rawpixel Ltd

1 *Was sind Sie von Beruf?* Spielen Sie das Gespräch und variieren Sie.

■ Was sind Sie eigentlich von Beruf?

● Ich bin Web-Designerin. Und was machen Sie beruflich?

■ Ich bin Student.

♂ Student   ♀ Studentin

Altenpfleger(in)

Architekt(in)

Lehrer(in)

Arzt / Ärztin

Ingenieur(in)

Krankenpfleger /
Krankenschwester

Mechatroniker(in)

Verkäufer(in)

Polizist(in)

Friseur(in)

2 *Mein Beruf.* Kreuzen Sie an und ergänzen Sie Ihre Informationen.

○ Ich bin _____

○ Ich arbeite zurzeit nicht.

○ Ich arbeite als _____

○ Ich jobbe zurzeit als _____

○ Ich mache ein Praktikum. / eine Ausbildung zur / zum _____

○ Ich gehe noch zur Schule. / Ich studiere noch.

3 Und jetzt Sie! Sprechen Sie mit anderen im Kurs.

*Was machst du /
machen Sie eigentlich
beruflich?*

*Was bist du /
sind Sie von Beruf?*

Zwischendurch mal Sprechen | ISBN 978-3-19-371002-4 | © Hueber Verlag 2018   Üt: Altenpfleger © fotolia/iceteastock; Architektin © Thinkstock/iStock/balloon111; Lehrer © iStock/Kemter; Arztin© Thinkstock/iStock/LuminaStock; Ingenieur © fotolia/
industrieblick; Krankenschwester © Thinkstock/Stockbyte/George Doyle, Mechatronikerin © Thinkstock/iStock/Wavebreakmedia; Verkäufer © iStock/pablo_rodriguez1; Polizistin © fotolia/MAST, Friseur © Thinkstock/iStock/474344sean

1 a Schreiben Sie die Fragen richtig.

1 ~~was~~ – beruflich – machst – du – ?

Was _____

2 du – schon – wie – machst – das – lange – ?

_____

3 Arbeit – du – findest – deine – wie – ?

_____

4 eine – hast – was – Ausbildung – du – für – ?

_____

b Welche Antworten passen zu welcher Frage in Aufgabe 1a? Ordnen Sie zu.

A ② Seit 2016.

B ◯ Ich jobbe als Kellner.

C ◯ Ich bin zurzeit arbeitslos.

D ◯ Ich habe Germanistik studiert.

E ◯ Der Job ist nicht toll, aber okay.

F ◯ Ich habe sehr viel Arbeit. Das stört mich.

G ◯ Keine. Ich habe das alles selbst gelernt.

H ◯ Interessant. Und mein Chef ist sehr nett.

I ◯ Ich habe eine Ausbildung als Krankenschwester.

J ◯ Noch nicht lange. Ich habe noch wenig Berufserfahrung.

K ◯ Schon fünf Jahre. Aber jetzt möchte ich gern etwas anderes machen.

L ◯ Ich habe lange als Deutschlehrer gearbeitet, aber jetzt bin ich Marketingreferent.

c Schreiben Sie Ihre eigenen Antworten auf die Fragen in Aufgabe 1a.

1 _____

_____

2 _____

_____

3 _____

_____

4 _____

_____

2 Und jetzt Sie! Stellen Sie anderen im Kurs die Fragen aus Aufgabe 1a und antworten Sie.

Zwischendurch mal Sprechen | ISBN 978-3-19-371002-4 | © Hueber Verlag 2018   Uta © iStockphoto/Johnny Greig; Urb © Thinkstock/DigitalVision/Michael Blann

KOPIERVORLAGE 14

Fortbildungen gemacht.	Was machen	Sie beruflich?	Ich
bin Sekretärin.	Wie lange hat	die Ausbildung gedauert?	Was machst
du beruflich?	Ich arbeite	als Verkäufer.	Was bist du
von Beruf?	Ich mache	ein Praktikum.	Bist du angestellt
oder selbstständig?	Was sind	Sie von Beruf?	Ich möchte
Journalistin werden.	Ich gehe	noch zur Schule.	Was für
eine Ausbildung hast du?	Mein Job ist	anstrengend.	Gefällt dir
deine Arbeit?	Ich habe Biologie	studiert.	Meine Chefin
ist nicht so nett.	Ich habe eine	Ausbildung als Krankenschwester.	Ich habe viele

Zwischendurch mal Sprechen | ISBN 978-3-19-371002-4 | © Hueber Verlag 2018

A1 Arbeitsblatt 1

1 Alles Gute!

Die TN lösen die Aufgabe in Partnerarbeit und spielen die Minigespräche vor.

2 Ich gratuliere!

In Partnerarbeit wählen die TN die passende Reaktion aus und spielen die Minigespräche vor.

3 Und jetzt Sie!

Die TN überlegen zu zweit, welche Glückwünsche zu den angegebenen Anlässen passen. Anschließend können die TN einen Anlass aus ihrem Heimatland ergänzen. Im Plenum berichten sie über ihre Anlässe und was man dazu sagt. Sie können auch überlegen, was für ein Glückwunsch auf Deutsch zu diesem Anlass passen könnte.

A2 Arbeitsblatt 2

1 Einladungen

a Die TN lösen die Aufgabe in Einzelarbeit. Kontrolle im Plenum.
b In Partnerarbeit ordnen die TN die passenden Antworten zu. Kontrolle im Plenum.
c Die TN spielen die Gespräche aus Aufgabe 1a / b und beantworten dabei auch die Fragen.

2 Können wir etwas mitbringen?

Zu zweit wählen die TN zwei Gespräche aus und überlegen sich eine Fortsetzung. Wenn nötig, schreiben sie die Gespräche auf und spielen sie dann im Plenum vor.

3 Und jetzt Sie!

Jeder TN überlegt sich einen Anlass, Ort und Zeitpunkt für ein Fest. Dann gehen die TN im Kursraum umher, laden andere TN ein und reagieren auf die Einladungen.

A1 / A2 Kopiervorlagen: Glückwünsche

A1: Verwenden Sie Kopiervorlage 1. Die TN spielen zu dritt. Jeder TN erhält die gleiche Anzahl Glückwunsch-karten (weiß). Die Situationskarten (mit Hinterlegung) liegen verdeckt auf einem Stapel. TN 1 zieht eine Situation und liest vor. Der TN mit dem passenden Glückwunsch reagiert. Hat man den passenden Glückwunsch selbst auf der Hand, wird die Karte zurück unter den Stapel gelegt und erneut gezogen. Geübte TN improvisieren eine Fortsetzung der Gespräche (z. B. danken, Fragen beantworten).

A2: Verwenden Sie Kopiervorlage 2 und spielen Sie wie bei A1. Geübte TN formulieren die Sätze auf den Situationskarten mithilfe von einleitenden Worten um, z. B. *Weißt du schon, / Habe ich dir schon erzählt, / Kannst du dir vorstellen, dass …*

Zwischendurch mal Sprechen | ISBN 978-3-19-371002-4 | © Hueber Verlag 2018   © Thinkstock/Stockbyte

1 Ergänzen Sie die kleinen Gespräche und spielen Sie sie mit Ihrer Partnerin / Ihrem Partner.

Frohe Weihnachten! • Alles Gute zum Geburtstag! • Herzlichen Glückwunsch zur Hochzeit!

1 ▪ _____

_____

_____

2 ● _____

_____

_____

3 ▼ _____

_____

_____

● Vielen, vielen Dank.

◆ Oh danke, das ist so nett von euch.

▪ Euch auch ein frohes Fest!

2 Welche Reaktion passt? Kreuzen Sie an und spielen Sie die kleinen Gespräche.

1 ▼ Was machen die Blumen hier? Hat jemand Geburtstag?

▪ Ja, ich.

▼ (X) Oh, herzlichen Glückwunsch und alles, alles Gute. (A)

◯ Gesundheit! (B)

2 ◆ Frohes neues Jahr!

▲ ◯ Danke. Und herzlichen Glückwunsch. (A)

◯ Euch auch ein glückliches neues Jahr. (B)

3 ▪ Und, hast du die Prüfung bestanden?

● Ja, sie war gar nicht so schwer.

▪ ◯ Ich gratuliere! (A)

◯ Toi, toi, toi. Viel Erfolg. (B)

4 ● Habt ihr die Wohnung bekommen?

◆ Ja! Ist das nicht super?

● ◯ Oh ja. Meinen Glückwunsch! (A)

◯ Doch. Viel Spaß. (B)

3 Und jetzt Sie! Was sagt man in diesen Situationen? Welche Tage feiern Sie in Ihrem Land und wie gratulieren Sie? Sprechen Sie zu zweit.

1 Ostern

2 erstes Kind

3 neuer Job

(A) Alles Gute!

(B) Frohe Ostern!

(C) Viel Erfolg!

(D) Viel Glück!

Zwischendurch mal Sprechen | ISBN 978-3-19-371002-4 | © Hueber Verlag 2018

U1: 1 © iStock/deimagine; 2 © Thinkstock/iStock/Halfpoint; 3 © Thinkstock/iStock/omgimages; erstes Kind © Thinkstock/ iStock/monkeybusinessimages; neuer Job © Thinkstock/iStock/nd3000

1 a *Einladungen.* Schreiben Sie die Sätze richtig.

1 euch – ~~Ich~~ – zu – einladen – Geburtstag – meinem – ~~möchte~~ – .

   <u>**Ich möchte**</u>_____ ◯

2 Ich – kommt – mich – wenn – freuen, – ihr – heute – würde – Abend – .

_____ Ⓐ

3 am – Gartenfest – machen – Samstag – ein – Wir – .

_____ Habt ihr Zeit? ◯

4 machen – Woche – wir – Nächste – Einweihungsfeier – eine – .

_____ Ihr seid herzlich eingeladen. ◯

b **Welche Antwort passt zu welcher Einladung aus Aufgabe 1a?
Ordnen Sie in Aufgabe 1a zu.**

A Gern. Wann sollen wir da sein?

B Danke, wir kommen gern. Wie alt wirst du denn?

C Oh toll, vielen Dank! An welchem Tag feiert ihr denn?

D Ja, am Wochenende können wir. Herzlichen Dank für die Einladung!

  Ist es okay, wenn wir so um 7 kommen?

c **Spielen Sie die kleinen Gespräche mit Ihrer Partnerin / Ihrem Partner und beantworten Sie die Fragen.**

2 **Wählen Sie zwei Gespräche aus Aufgabe 1. Reagieren Sie und spielen Sie die Gespräche weiter.**

Hast du denn auch einen Geburtstagswunsch?

Können wir etwas mitbringen?

Vielleicht könntet ihr einen Salat mitbringen.

Gibt es einen bestimmten Anlass?

Das Wetter soll schön werden, deshalb möchten wir unseren neuen Grill ausprobieren.

3 **Und jetzt Sie! Laden Sie andere im Kurs zu einem Fest ein.**

Ich lade dich herzlich ein.

Kannst du kommen?

Ich möchte am … eine Party machen.

Zwischendurch mal Sprechen | ISBN 978-3-19-371002-4 | © Hueber Verlag 2018   © Thinkstock/iStock/KatarzynaBialasiewicz

Wir sind Großeltern geworden!	Herzlichen Glückwunsch! Ist es ein Junge oder ein Mädchen?	Ich habe morgen Prüfung.
Na dann, viel Glück und Erfolg.	Ich habe gestern meinen Führerschein bekommen.	Gratuliere. Das ist ja klasse. Ich wünsche dir immer gute Fahrt.
Wir sind jetzt schon zehn Jahre verheiratet!	So lange schon? Ich gratuliere euch ganz herzlich. Bleibt auch weiter so glücklich.	Ich habe in der Prüfung alle Fragen richtig beantwortet.
Prima. Ich gratuliere. Du hast ja auch jeden Abend dafür gelernt.	Ich habe im Radio zwei Konzerttickets gewonnen!	Da hattest du aber Glück! Dann viel Spaß beim Konzert. Wen nimmst du mit?

KOPIERVORLAGE 2

Wir haben eine Wohnung gekauft.	Wir gratulieren. Hoffentlich habt ihr nette Nachbarn.	Ich habe mein Abitur mit *Sehr gut* gemacht!
Gratulation! Möchtest du jetzt studieren oder lieber eine Ausbildung machen?	Ich habe heute meinen Arbeitsvertrag unterschrieben.	Toll! Ich gratuliere. Wann fängst du an?
Ich habe im Lotto gewonnen!	Wirklich? Meinen Glückwunsch. Was willst du mit dem Geld machen?	Wir haben beim Fußball gewonnen!
Meinen Glückwunsch. Feiert euer Sportverein das heute?	Ich habe meine Abschlussprüfung an der Universität bestanden!	Ich gratuliere dir ganz herzlich. Hoffentlich findest du schnell eine Arbeit.

Zwischendurch mal Sprechen | ISBN 978-3-19-371002-4 | © Hueber Verlag 2018

A1 Arbeitsblatt 1

1 Wind und Wetter

a Die TN lösen die Aufgabe in Einzel- oder Partnerarbeit. Kontrolle im Plenum.
b Die TN ordnen die Reaktionen den Sätzen in Aufgabe 1a zu und spielen die Minigespräche zu zweit. Achten Sie auch auf emotionalen Ausdruck.

2 Wie ist das Wetter?

a Die TN spielen das Gespräch mit verteilten Rollen.
b Die TN variieren zu zweit das Gespräch in Aufgabe 2a. Wer möchte, kann ein Gespräch im Plenum vortragen.

3 Und jetzt Sie!

Die TN berichten monologisch im Plenum. TN, die nicht mehr in ihrem Heimatland leben oder schon einmal ihren Geburtstag in einem anderen Land gefeiert haben, können erzählen, wie das Wetter zu dieser Zeit an beiden Orten ist.

A2 Arbeitsblatt 2

1 Es war eisig!

Die TN lösen die Aufgabe in Einzel- oder Partnerarbeit. Kontrolle im Plenum.
Dann übernehmen beide TN eine der Rollen und lesen sich „ihre" Sätze mit Emotionen vor.

2 Moment mal!

Die TN arbeiten zu zweit und übernehmen jeweils eine Rolle. Partner A liest den Text über sein Erlebnis vor. Partner B korrigiert, wenn die Aussagen nicht zusammmen passen.
Dann wird gewechselt.

3 Und jetzt Sie!

Die TN berichten in Gruppen über eigene Erlebnisse in extremen Wettersituationen.

A1 / A2 Kopiervorlage: Wetter

A1: Die TN arbeiten zu zweit oder in Kleingruppen. TN 1 würfelt: gerade Zahl = Gegenwart, ungerade Zahl = Vergangenheit. TN 1 fragt, wie das Wetter ist / war, TN 2 zieht eine Karte und antwortet.
A2: Die TN arbeiten in Kleingruppen. TN 1 zieht eine Karte und sagt, wie morgen das Wetter wird, z. B. *Das Wetter für morgen: Es ist sonnig und 25 Grad warm. Was sollen wir machen?* Die anderen TN notieren jeweils einen Vorschlag und lesen vor. TN 1 wählt aus (z. B. *Diese Idee finde ich gut! Wir machen eine Fahrradtour.)* und bekommt den entsprechenden Zettel. Dann ist der TN an der Reihe, dessen Vorschlag angenommen wurde. Wer hat am Ende die meisten Verabredungen?

Zwischendurch mal Sprechen | ISBN 978-3-19-371002-4 | © Hueber Verlag 2018   © Thinkstock/iStock/intst

1 a *Wind und Wetter.* Finden Sie die Wörter und ergänzen Sie.

j e w e r w i n d i g ü p f t s c h n e i t l d ö g (k a l t) m a s i b e w ö l k t p ä w s o n n i g j i k r e g n e t a

1 Ist das **kalt** heute!

2 Sieh mal, es _____!

3 Oh nein! Es _____!

4 Es ist immer noch _____!

5 Ist es bei euch auch _____?

6 Heute ist es aber _____.

b Welche Reaktion passt zu welchem Satz aus Aufgabe 1a?
Ordnen Sie zu und spielen Sie die kleinen Gespräche.

A ② Wie schön! Alles ist weiß!   D ◯ Nein, es regnet.

B ◯ Wie viel Grad sind es denn?   E ◯ Schade, wieder keine Sonne!

C ◯ Dann nimm den Regenschirm mit.   F ◯ Das ist bei uns im Herbst oft so.

2 a *Wie ist das Wetter?* Spielen Sie das Gespräch mit Ihrer Partnerin / Ihrem Partner.

■ Wie ist das Wetter bei euch?   ■ Wie schön!
● Es ist sonnig und warm.   ● Und wie ist es bei euch?
■ Wie viel Grad sind es denn?   ■ Es regnet. Und es ist kalt.
● Ungefähr 24.   ● Oh nein!

b Variieren Sie das Gespräch aus Aufgabe 2a.

Die Sonne scheint.	Es sind plus 5 / minus 5 Grad.	Es ist bewölkt / sonnig / windig.
Es ist heiß / kalt / warm.	Wir haben Schnee / Sonne / Regen / ein Gewitter.	Es regnet / schneit.

3 Und jetzt Sie! Geburtstagswetter. Erzählen Sie.

Wann haben Sie Geburtstag?   Wie war das Wetter an Ihrem letzten Geburtstag?
Wie ist das Wetter oft an diesem Tag?   Was haben Sie an dem Tag gemacht?

Zwischendurch mal Sprechen | ISBN 978-3-19-371002-4 | © Hueber Verlag 2018
Üt: 1 © Thinkstock/iStock; 2 © iStockphoto/dlHunter; 3 © PantherMedia/Chris Schäfer; 4 © Thinkstock/MITSUHARU MAEDA/amanaimagesRF; 5 © Thinkstock/DigitalVision/Siri Stafford; 6 © Thinkstock/iStock/Mihailo2701; U2 © Thinkstock/iStock/AntonioGuillem

1 Welche Sätze passen zu welchem Bild? Ordnen Sie zu.

1 (A) Es war eisig!

2 ( ) Alles war so trocken!

3 ( ) Das war so eine Hitze!

4 ( ) So eine Kälte! Schrecklich!

5 ( ) Und überall dieser Schnee!

6 ( ) Es waren bestimmt 50 Grad!

7 ( ) Der Sturm war der Wahnsinn!!!

8 ( ) Und nur Sonne, Sonne, Sonne!

2 *Da stimmt was nicht!* Berichten Sie über Ihr Erlebnis. Ihre Partnerin / Ihr Partner korrigiert.

Partner A
mein Bericht:

Ich war einmal auf der Zugspitze. Das ist der höchste Berg in Deutschland und es war so eine Kälte! Die Temperatur war ungefähr -12 Grad. Es war so heiß! Und dann kam der Nebel. Wir konnten bestimmt 100 km weit sehen. Es war einfach Wahnsinn!

mein Kommentar zum Bericht von Partner B:

Moment mal,
das kann nicht sein!
Du hast gesagt, dass …, aber …

Moment mal,
das kann nicht sein!
Du hast gesagt, dass …, aber …

mein Kommentar zum Bericht von Partner A:

Im Urlaub war ich einmal eine Woche in einer Wüste. Es war so eine Hitze! Am Tag hatten wir sicher plus 50 Grad. Auch der Sand war eisig kalt. Nachts war es ziemlich kalt – nur 10 Grad. In der ganzen Woche haben wir keine Wolke gesehen. Es hat jeden Tag mindestens 15 Stunden lang geregnet.

mein Bericht:
Partner B

3 Und jetzt Sie! Berichten Sie über eine extreme Wettersituation, die Sie erlebt haben.

Zwischendurch mal Sprechen | ISBN 978-3-19-371002-4 | © Hueber Verlag 2018

Üt: A © Thinkstock/iStock/Steve_Hardiman; Nebel © PantherMedia/Herbert Esser; Ü3: Gewitter © Thinkstock/iStock/JamesBrew; B © Thinkstock/iStock/Purestock; A © Thinkstock/Purestock; B © Thinkstock/iStock/James Brew; Sturm © iStockphoto/abzee

Zwischendurch mal Sprechen | ISBN 978-3-19-371002-4 | © Hueber Verlag 2018

15 °C
© PantherMedia/Franz Steffelbauer

25 °C
© iStock/Viorika

13 °C
© Thinkstock/iStock/Easy_Asa

22 °C
© Thinkstock/iStock/BrianAJackson

0 °C
© iStock/a4ndreas

- 5 °C
© PantherMedia/Reinhold Vigl

- 20 °C
© Thinkstock/iStock/Noppasin

20 °C
© fotolia/Eva Gruendemann

5 °C
© iStockphoto/AVTG

35 °C
© iStock/clintspencer

25 °C
© fotolia/OutdoorPhoto

5 °C
© Thinkstock/iStock/sborisov

10 °C
© MEV

22 °C
© hykoe - stock.adobe.com

- 10 °C
© fotolia/Holger Schultz

- 3 °C
© Thinkstock/iStock/standret

A1 Arbeitsblatt 1

1 Meine Wohnung

a Die TN lösen die Aufgabe in Partnerarbeit und spielen die Minigespräche vor.
b In Partnerarbeit stellen sich die TN gegenseitig die Fragen und beantworten sie.

2 Wo ist was?

In Partnerarbeit erfragen die TN gegenseitig die fehlenden Informationen.

3 Und jetzt Sie!

Die TN arbeiten zu zweit. TN 1 beschreibt ein Zimmer der eigenen Wohnung.
TN 2 zeichnet es nach Beschreibung. Dann wird gewechselt.

A2 Arbeitsblatt 2

1 Hängen, legen, stellen

Die TN führen kleine Gespräche wie im Beispiel. Dabei
können Begriffe mehrfach oder gar nicht genannt werden.

2 Wo ist denn nur …?

Zu zweit beschriften die TN ein Kartenpaar jeweils mit dem gleichen Gegenstand. Beide TN
erhalten eine Karte. TN 1 notiert auf seiner Karte einen ungewöhnlichen Ort in der Wohnung.
TN 2 sucht den Gegenstand. Dabei spielen die TN ein Gespräch wie im Beispiel. Dann werden
mit einem neuen Kartenpaar die Rollen getauscht.

3 Und jetzt Sie!

Kettenspiel: Alle Karten mit Ortsangaben aus Aufgabe 2 werden eingesammelt und gemischt.
Bilden Sie Gruppen à 3 bis 4 TN. Jede Gruppe bekommt einige Karten (mindestens
so viele Karten wie TN, stärkere Gruppen können mehr bekommen). TN 1 zieht eine Karte.
TN 1 und 2 variieren das Gespräch und finden einen passenden Ort für den Gegenstand.
Dann zieht TN 2 eine Karte, fragt TN 3 usw.

A1 / A2 Kopiervorlage: Unser Wohnzimmer

Als Wortschatzaktivierung können Sie auf den Bildkarten die Begriffe abschneiden und von den
TN zuordnen lassen.
A1: Jeder TN erhält eine Abbildung des Zimmers und einen Satz Gegenstände. Die TN
platzieren in Einzelarbeit einige Gegenstände in ihrem Zimmer. Dann arbeiten sie zu zweit und
vergleichen ihre Zimmer, z. B. *Mein Sofa steht rechts an der Wand. Und wo steht dein Sofa?
– Links … / Ich habe kein …*
A2: Die TN arbeiten zu zweit mit einem Zimmer und einem Satz Gegenstände. Sie diskutieren,
z. B. *Ich würde das Sofa zwischen den Schrank und das Regal stellen. – Da ist es aber zu
dunkel. / zu wenig Platz. / … Lass es uns lieber …* Sie einigen sich und kleben die
Gegenstände fest. Im Plenum stellen sie ihr Zimmer vor, z. B. *Bei uns steht … / Wir stellen …,
weil / damit …*

Zwischendurch mal Sprechen | ISBN 978-3-19-371002-4 | © Hueber Verlag 2018   Grundriss: Jörg Saupe, Düsseldorf

1 a *Meine Wohnung.* Ordnen Sie zu und spielen Sie die kleinen Gespräche.

1 Hat das Bad ein Fenster?   A Nur zwei.

2 Ist euer Balkon groß?   B Ungefähr 7 m².

3 Habt ihr ein Kinderzimmer?   C Nein, leider nicht.

4 Wie groß ist eure Wohnung?   D Wir haben sogar zwei.

5 Wie viele Zimmer hat deine Wohnung?   E Nicht sehr groß. Sie hat nur 63 m².

b Ihre Partnerin / Ihr Partner stellt Ihnen Fragen aus Aufgabe 1a.
Beantworten Sie die Fragen zu Ihrer eigenen Wohnung.

2 Wo ist was? Fragen Sie Ihre Partnerin / Ihren Partner.

Partner A

Was steht links in der Ecke?

Wo steht der Tisch?

Unser Wohnzimmer

Unser Wohnzimmer ist sehr schön. Links in der Ecke

steht _____.

_____ steht ein Tisch.

Rechts neben dem Tisch steht _____

_____.

_____ hängt

eine Lampe. Rechts neben der Tür steht _____

_____.

_____

_____ steht der Fernseher.

Ninas Kinderzimmer

In der Mitte steht Ninas Schreibtisch. Vor dem Tisch
steht ein Stuhl. Am Fenster steht ein Regal und neben
dem Regal steht ein Schrank. Über dem Regal hängt
ein Bild. Rechts neben dem Schrank steht Ninas Bett.
Vor dem Bett liegt ein Teppich.

Partner B

Was steht vor dem Tisch?

Wo steht der Schrank?

Unser Wohnzimmer

Unser Wohnzimmer ist sehr schön. Links in der Ecke
steht ein Sofa. Vor dem Sofa steht ein Tisch. Rechts
neben dem Tisch steht ein Sessel. Über dem Tisch
hängt eine Lampe. Rechts neben der Tür steht ein
Regal. Zwischen den Fenstern steht der Fernseher.

Ninas Kinderzimmer

steht Ninas _____
_____ Schreibtisch. Vor dem Tisch steht
_____ und
Am Fenster steht _____
steht ein Schrank. _____
Über dem Regal hängt _____.
Rechts neben dem Schrank steht _____
_____ liegt ein Teppich.

3 Und jetzt Sie! Beschreiben Sie ein Zimmer in Ihrer Wohnung. Ihre Partnerin / Ihr Partner zeichnet es.

ARBEITSBLATT 2

1 *Hängen, legen, stellen*? Sprechen Sie mit Ihrer Partnerin / Ihrem Partner.

| Kühlschrank | Spiegel | Waschmaschine | Kissen | Lampe |

| Herd | Fernseher | Tisch | Sofa |

| vor | hinter | neben | auf |

Wohin sollen wir den Kühlschrank stellen?

| an | unter | in | über |

In die Küche neben den Herd.

| Flur | Schlafzimmer | Wand | Decke |

| Wohnzimmer | Küche | Bad | Kinderzimmer |

2 *Wo ist denn nur …?* Raten Sie, wo sich die Gegenstände befinden.

Partner A

Partner B

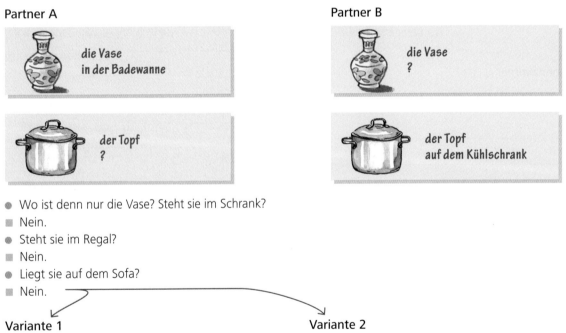

die Vase
in der Badewanne

die Vase
?

der Topf
?

der Topf
auf dem Kühlschrank

● Wo ist denn nur die Vase? Steht sie im Schrank?
■ Nein.
● Steht sie im Regal?
■ Nein.
● Liegt sie auf dem Sofa?
■ Nein.

Variante 1

● Nun sag schon! Wo ist sie denn.
■ Sie liegt in der Badewanne.

Variante 2

● Liegt sie in der Badewanne?
■ Richtig.

3 Und jetzt Sie! Lesen Sie das Gespräch und variieren Sie.

▽ Warum liegt denn die Vase in der Badewanne?
● Das weiß ich nicht.
▽ Stell sie bitte auf den Tisch.
● Okay, mach' ich.

Zwischendurch mal Sprechen | ISBN 978-3-19-371002-4 | © Hueber Verlag 2018   Vase © Michael Mantel, Barum

Zwischendurch mal Sprechen | ISBN 978-3-19-371002-4 | © Hueber Verlag 2018   Zimmer © Thinkstock/iStock/Pixelci

das Sofa	der Tisch	der Stuhl	der Sessel
© Thinkstock/iStock/WesAbrams	© iStock/simonkr	© Thinkstock/iStock/Easy_Asa	© Thinkstock/iStock/mihalis_a
die Deckenlampe	die Stehlampe	das Regal	der Schrank
© Thinkstock/iStock/PhonlamaiPhoto	© iStock/Baloncici	© Getty Images/tiler84	© iStock/MatthewJean-Louis
der Fernseher	das Bild	die Pflanze	der Teppich
© Thinkstock/iStock/AlexandrBognat	© Thinkstock/PhotoObjects.net/Hemera Technologies	© iStock/Pekka Nikonen	© iStock/EdnaM

A1 Arbeitsblatt 1

1 Was passt?

a Die TN ordnen die Sätze den Personen früher und heute zu. Dann lesen sie die Sätze vor und ergänzen dabei die Namen oder Pronomen.

b Bilden Sie Gruppen à 4 TN. Jeder beschreibt die Person auf einer Abbildung. Dabei können falsche Angaben eingebaut werden, die die anderen erkennen sollen.

c In Kleingruppen diskutieren die TN über das Aussehen der Personen.

2 Und jetzt Sie!

a Die TN lösen die Aufgabe in Einzelarbeit. Kontrolle im Plenum.

b Die TN befragen einen anderen im Kurs und notieren die Antworten. Die Zettel werden eingesammelt und neu verteilt. Die TN beschreiben die Person auf ihrem Zettel, ohne den Namen zu nennen. Die anderen TN raten, wer es ist.

A2 Arbeitsblatt 2

1 Charakter

a Die TN markieren die Wörter und schreiben sie ins Heft. Kontrolle im Plenum.

b Die TN arbeiten zu dritt. TN 1 wählt eine beliebige Person, charakterisiert sie mit einem Wort aus Aufgabe 1a und begründet die Aussage. TN 2 und 3 versuchen die Aussage zu übertreffen und denken sich lustige Begründungen aus.

2 Personenbeschreibung

Zu zweit erfragen die TN gegenseitig die fehlenden Informationen und ergänzen sie. Sammeln Sie bei Bedarf vorher die benötigten Fragen an der Tafel, z. B. *Wie alt / groß ist …?*

3 Und jetzt Sie!

Bilden Sie Kleingruppen. Der Reihe nach wählen die TN jeweils eine Person im Kurs und beschreiben deren Charakter oder Aussehen in einem Satz. Die Mitspieler dürfen eine Vermutung äußern, um wen es sich handelt. Ist sie falsch, wird ein weiteres Merkmal ergänzt usw.

A2 Kopiervorlage: Wie sieht deine Person aus?

Sie können mit den Karten in zwei Varianten spielen:

A: Bilden Sie Gruppen à 4 TN. TN 1 und 2 bekommen zusammen eine Bildkarte und prägen sich das Aussehen der Person ein. TN 3 und 4 bekommen die Fragen und bringen sie in eine sinnvolle Reihenfolge. Dann arbeiten TN 1 und 3 sowie TN 2 und 4 zusammen. TN 1 (bzw. 2) beantwortet die Fragen von TN 3 (bzw. 4) aus dem Gedächtnis. TN 3 (bzw. 4) fertigt nach der Beschreibung eine Zeichnung an. Dann vergleichen die vier TN in der Gruppe die Zeichnungen mit der Bildkarte. Die TN tauschen die Rollen und arbeiten mit einer anderen Bildkarte.

B: Die TN arbeiten zu zweit. Bild- und Fragekarten werden getrennt gemischt und verdeckt auf zwei Stapel gelegt. TN 1 zieht ein Bild. TN 2 zieht eine Frage und fragt TN 1. TN 2 zeichnet das beschriebene Merkmal und zieht die nächste Frage. Wenn alle Fragen abgearbeitet sind, vergleichen die TN Bildkarte und Zeichnung. Dann werden die Rollen getauscht.

Zwischendurch mal Sprechen | ISBN 978-3-19-371002-4 | © Hueber Verlag 2018

1 a *Oscar und Sarah früher und heute.*
Welcher Satz passt zu welchem Bild? Ordnen Sie zu.

1 (A) … hatte früher einen Bart.

2 ( ) … ist jetzt sehr schlank.

3 ( ) … ist nicht mehr ganz schlank.

4 ( ) … hat früher gern T-Shirts getragen.

5 ( ) … hatte eine Brille.

6 ( ) Nun hat … meistens ein Hemd an.

7 ( ) Früher hatte … lange blonde Haare.

8 ( ) Jetzt hat … kurze schwarze Haare.

b **Beschreiben Sie
die Personen aus Aufgabe 1a.**

> *Oscar hatte früher einen Bart.
> Jetzt hat er keinen Bart mehr.*

Oscar
früher

Sarah
früher

(A) (B)

Oscar
heute

Sarah
heute

(C) (D)

c **Wie finden Sie das Aussehen von Oscar und Sarah? Sprechen Sie.**

> *Am besten gefällt mir
> Sarah auf Bild … Ich finde
> ihr/e … toll.*

> *Mir gefällt … besser.
> Ihr/e … sieht / sehen (noch)
> besser aus.*

> *Ich finde, … steht / stehen ihr
> besser / am besten.*

2 a **Was passt? Ordnen Sie zu.**

1 Was war   A Bart?
2 Hattest du   B deine Haare früher?
3 Welche Farbe   C hatten deine Haare?
4 Wie lang waren   D schon früher eine Brille?
5 Hattest du einen E deine Lieblingskleidung?

b **Und jetzt Sie! Wie sahen andere im Kurs früher aus?
Fragen und notieren Sie. Beschreiben Sie dann eine Person.
Die anderen raten.**

Tim
Haare: lang und schwarz

Haarfarbe   Haarlänge   Brille / Kontaktlinsen   Lieblingskleidung

Zwischendurch mal Sprechen | ISBN 978-3-19-371002-4 | © Hueber Verlag 2018

1 a *Charakter.* Finden Sie 11 Wörter und markieren Sie.

nett|freundlichsympathischstrengfleißigfaulneugierighöflichfröhlichpünktlichrespektlos

b *Nett, netter, am nettesten?* Wählen Sie eine Person und charakterisieren Sie sie
mit einem Wort aus Aufgabe 1a. Die anderen reagieren.

■ Ich habe einen sehr netten Nachbarn.
Er leiht mir manchmal sein Fahrrad.
● Mein Nachbar ist noch viel netter.
Er repariert immer mein Fahrrad.
◆ Ich denke, mein Nachbar ist am nettesten.
Er putzt sogar mein Fahrrad!

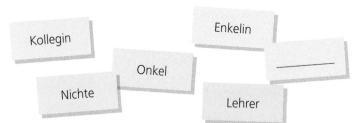

Kollegin · Enkelin · Onkel · Nichte · Lehrer · _____

2 *Personenbeschreibung.* Fragen Sie Ihre Partnerin / Ihren Partner und ergänzen Sie.

Partner A

	Alter	Größe	Haare	Figur	Charakter
Steffen	48	1,85 m	rot, kurz	sportlich, schlank	sympathisch, aber ziemlich streng
Sabrina					
Jörg					
Emma	18	1,78 m	schwarz, halblang	sehr dünn	sehr fröhlich, ein bisschen respektlos

- -

Partner B

	Alter	Größe	Haare	Figur	Charakter
Steffen					
Sabrina	36	1,62 m	blond, lang	ein bisschen dick	höflich, manchmal ein bisschen neugierig
Jörg	57	1,70 m	grau, ganz kurz	nicht mehr ganz schlank	nicht sehr pünktlich, ein bisschen faul
Emma					

3 Und jetzt Sie! Wählen Sie eine Person im Kurs. Sagen Sie einen Satz zu ihrem /
seinem Charakter oder Aussehen. Die anderen raten, wer es ist.

Die Person ist groß.   *Ist es … ?*   *Nein. Die Person hat …*

Zwischendurch mal Sprechen | ISBN 978-3-19-371002-4 | © Hueber Verlag 2018

Ist die Person eine Frau oder ein Mann?	Wie groß ist die Person?	Hat die Person einen großen oder kleinen Kopf?
Hat die Person kurze, halblange oder lange Haare?	Welche Haarfarbe hat die Person?	Trägt die Person eine Brille?
Was für Augen hat die Person?	Hat die Person eine schmale oder breite Nase?	Hat die Person große oder kleine Ohren?
Was für einen Hals hat die Person?	Ist die Person dünn oder dick?	Hat die Person gute oder schlechte Laune?
Was für einen Mund hat die Person?	Was hat die Person an?	Hat die Person lange Arme und Beine?

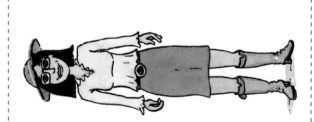

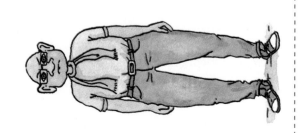
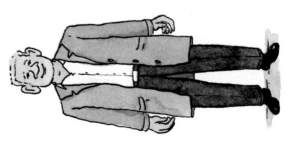

Zwischendurch mal Sprechen | ISBN 978-3-19-371002-4 | © Hueber Verlag 2018

A1 Arbeitsblatt 1

1 Du siehst gut aus!

a Die TN markieren, bei welchen der Aussagen es sich um Komplimente handelt.

b Die TN lösen die Aufgabe in Partnerarbeit und lesen die Minigespräche vor.
Geübte TN sprechen mit mehreren Partnern und variieren die Reaktionen.

2 Formell oder informell?

a Zu zweit überlegen die TN, in welchem Verhältnis die Personen jeweils zueinander stehen.
Dann lesen sie die Gespräche vor. Achten Sie auf den unterschiedlichen emotionalen
Ausdruck.

b Die TN ordnen die Begriffe den Fotos zu. Dann variieren die TN die Gespräche aus
Aufgabe 2 a und spielen einige vor.

3 Und jetzt Sie!

Die TN gehen im Kursraum umher und machen sich gegenseitig Komplimente.

A2 Arbeitsblatt 2

1 Sehr gut gemacht!

a Die TN sortieren in Partnerarbeit die Sätze zu fünf Minigesprächen und spielen sie vor.
Achten Sie auf den emotionalen Ausdruck.

b Zu zweit spielen die TN ähnliche Gespräche wie in Aufgabe 1 a.

2 Interesse zeigen

a Die TN lösen die Aufgabe in Einzelarbeit. Kontrolle im Plenum.

b In Partnerarbeit formulieren die TN die Reaktionen. Dann spielen sie die Gespräche
und beantworten dabei auch die Fragen aus Aufgabe 2 a.

3 Und jetzt Sie!

Die TN machen anderen im Kurs Komplimente und reagieren entsprechend.

A1 / A2 Kopiervorlage: Komplimente machen

Bilden Sie Gruppen à 4 TN. Verwenden Sie für A1
nur die weißen Karten, für A2 alle Karten. Jede
Gruppe bekommt zwei Kartensets. Ein Set wird
verdeckt auf einen Stapel gelegt. Die anderen
Karten werden ausgeteilt. TN 1 zieht eine Karte.
Hat sie / er diese Karte selbst schon auf der Hand,
wird die Karte zurück unter den Stapel gelegt und
noch einmal gezogen. Hat TN 1 die passende
Karte nicht, formuliert sie / er ein Kompliment.
Der TN mit der passenden Karte reagiert.
Auf A2 sollten Kompliment und Antwort aus
mindestens zwei Sätzen bestehen.

Zwischendurch mal Sprechen | ISBN 978-3-19-371002-4 | © Hueber Verlag 2018

1 a Was ist ein Kompliment? Kreuzen Sie an.

1 ◯ Du siehst schlecht aus. Bist du krank?

2 ⊗ Warst du im Urlaub? Du siehst gut aus!

3 ◯ Warst du beim Friseur? Du siehst toll aus!

4 ◯ Das Kleid sieht nicht gut aus. Es steht dir nicht.

5 ◯ Ein sehr schöner Pullover. Wo haben Sie den gekauft?

6 ◯ Du hast dich so schön gemacht. Gehst du ins Theater?

7 ◯ Du siehst müde aus. Hast du die ganze Nacht gearbeitet?

**b Welche Reaktion passt zu welchem Kompliment aus Aufgabe 1a?
Ordnen Sie zu und spielen Sie die kleinen Gespräche.**

A ◯ Danke schön. Ich bin auch sehr zufrieden.

B ◯ Oh, danke. Nein, ich treffe meine Freunde.

C ② Danke. Ja, es war einfach toll.

D ◯ Oh, er gefällt Ihnen? Er ist ein Geschenk von meiner Frau.

2 a Wer spricht? Lesen Sie die Gespräche und ordnen Sie zu.

informell: Gespräch ◯

formell: Gespräch ◯

1 ◆ Ihre Brille sieht aber toll aus.
  ▲ Wirklich?
  ◆ Ja, sie passt gut zu Ihnen.
  ▲ Oh, vielen Dank.

2 ■ Boah! Diese Brille steht dir aber gut! Ist sie neu?
  ▲ Ja. Ich finde sie auch klasse.

b Was ist was? Ordnen Sie zu. Variieren Sie dann die Gespräche aus Aufgabe 2a.

die Hose · der Mantel · die Uhr · ~~die Jacke~~ · der Ring · das T-Shirt

①   ②   ③   ④   ⑤   ⑥

die Jacke _____   _____   _____   _____   _____   _____

super

toll

prima

klasse

3 Und jetzt Sie! Machen Sie anderen im Kurs Komplimente.

Zwischendurch mal Sprechen | ISBN 978-3-19-371002-4 | © Hueber Verlag 2018

Ü1 © Francesco83 - stock.adobe.com; Ü2: Jacke © Thinkstock/iStockphoto; Uhr © PantherMedia/Andreas Mantin. Hose © fotolia/the_lightwriter, T-Shirt © fotolia/srki66; Ring © Thinkstock/Zoonar/unknown; Mantel © fotolia/srki66; Ring © Thinkstock/Zoonar/unknown urfinguss;

1 a Sortieren Sie die Sätze zu fünf kleinen Gesprächen: A – Aussehen, B – Wohnung, C – Technik, D – Job, E – Essen. Lesen Sie dann zu zweit.

a ◯ ◯ Der Salat ist wirklich lecker.

b Ⓐ ② Oh, danke sehr. Das ist aber nett.

c ◯ ◯ Das neue Sofa sieht prima aus!

d ◯ ◯ Sehr gut gemacht! Eine wirklich gute Arbeit!

e ◯ ◯ Ist der Fernseher neu? Der ist ja toll!

f ◯ ◯ Danke. Es freut mich sehr, dass er dir schmeckt.

g ◯ ◯ Vielen Dank. Es freut mich, dass Sie zufrieden sind.

h ◯ ◯ Oh, danke. Und es passt gut zum Teppich, oder was meint ihr?

i ◯ ◯ Ja, nicht wahr? Er ist einfach perfekt und supermodern!

j Ⓐ ① Sie haben aber eine schicke Brille! Sie passt wunderbar zu Ihren Augen.

b Spielen Sie kleine Gespräche wie in Aufgabe 1a.

Ⓐ	Ⓑ	Ⓒ	Ⓓ	Ⓔ
Tasche	Stühle	Handy	super	Torte
Schuhe	Tisch	Kamera	toll	Kuchen
Bluse	Schrank	Fotoapparat	prima	Suppe
Haare	Sessel	Laptop	großartig	Hähnchen

2 a Was passt? Ordnen Sie zu.

1 Die Torte schmeckt wunderbar.
2 Das Foto gefällt mir wirklich gut.
3 Die Lampe sieht prima aus.
4 Das Bild ist wunderschön.

A Haben Sie es selbst gemalt?
B Wo haben Sie es gemacht?
C Haben Sie sie selbst gebacken?
D Ist sie aus Glas?

b Schreiben Sie Reaktionen auf die Komplimente in Aufgabe 2a.
Spielen Sie dann die kleinen Gespräche und antworten Sie dabei auch auf die Fragen.

1 Ich bin froh, dass _____ (schmecken)

2 Schön, dass _____ (gefallen)

3 Es freut mich, dass _____ (mögen)

4 Ich freue mich sehr, dass _____ (schön finden)

Ja, ich habe sie selbst gemacht. Ich bin froh, dass …

3 Und jetzt Sie! Machen Sie anderen im Kurs Komplimente und reagieren Sie.

Zwischendurch mal Sprechen | ISBN 978-3-19-371002-4 | © Hueber Verlag 2018

© Thinkstock/iStock/ajr_images

Zwischendurch mal Sprechen | ISBN 978-3-19-371002-4 | © Hueber Verlag 2018

das Haus

© Thinkstock/iStock/bbbrrn

das Wohnzimmer

© Thinkstock/iStock/KatarzynaBialasiewicz

der Fotoapparat

© Thinkstock/iStock/Alexander Bedrin

das Auto

© fotolia/Dimitrius

die Haarfarbe

© Thinkstock/PhotoObjects.net/Hemera
Technologies

der Kalender

© Thinkstock/iStock/taviphoto

die Jacke

© PantherMedia/Andreas Münchbach

der Mantel

© Thinkstock/iStock/picturesd

die Schuhe

© Thinkstock/iStock/BeylaBalla

die Jeans

© Thinkstock/iStock/ChamilleWhite

der Gürtel

© Thinkstock/iStock/-iliadilium-

das T-Shirt

© Thinkstock/iStock/Taek-sang Jeong

das Handy

© Thinkstock/iStock Editorial/ags1973

das Navi

© Thinkstock/iStockphoto

das Fahrrad

© Thinkstock/iStock/javgutierrez

der Sessel

© Thinkstock/iStock/mihalis_a

das Regal

© Thinkstock/iStock/Solobird

der Rucksack

© Thinkstock/Hemera

die Torte

© fotolia/bit24

die Erdbeeren

© Getty Images/iStock/dobric

die Vase

© Thinkstock/iStock/angintaravichian

die Suppe

© Getty Images/ma-k

der Geldbeutel

© fotolia/Mihai Simonia

die Aktentasche

© fotolia/rgbdigital.co.uk

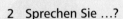

A1 Arbeitsblatt 1

1 Sprichst du vielleicht …?

a Die TN lösen die Aufgabe in
Einzel- oder Partnerarbeit.
Kontrolle im Plenum.

b In Einzelarbeit sortieren die TN die Sätze aus Aufgabe 1a zu einem Gespräch
und spielen es dann zu zweit.

2 Sprechen Sie …?

Zu zweit zeichnen die TN Smileys und schreiben Sprachen auf Karten. TN 1 zieht eine Sprache
und fragt z. B. *Sprechen Sie / Sprichst du Spanisch?*. TN 2 zieht einen Smiley und antwortet
entsprechend, z. B. *Leider nicht so gut.*

3 Und jetzt Sie!

Die TN sprechen mit anderen im Kurs über ihre realen Sprachkenntnisse. Wenn nötig,
können die TN ihre Sprachkenntnisse vorher aufschreiben. Ziel ist es, jeweils alle
gemeinsamen Sprachen zu finden. Einige TN berichten anschließend im Kurs,
z. B. *Ich spreche gut Italienisch. … und … können auch ein bisschen Italienisch.*

A2 Arbeitsblatt 2

1 Kannst du mir helfen?

Die TN überlegen in Partnerarbeit, welches Problem auf den Kärtchen jeweils dargestellt ist und
ordnen die passenden Fragen zu. Dann stellen sie einander die Fragen und beantworten sie.

2 Und jetzt Sie!

a Die TN kreuzen an, was ihnen persönlich im Deutschen schwer fällt und ergänzen ggf.
weitere Punkte.

b In Kleingruppen sprechen die TN darüber, was sie in Aufgabe 2a angekreuzt und notiert
haben. Dabei reagieren sie auch auf die Äußerungen der anderen TN.

3 Und jetzt Sie!

a Die TN kreuzen an, was auf sie zutrifft, und ergänzen ggf. weitere Methoden.

b Bilden Sie Kleingruppen aus stärkeren und schwächeren TN. Die TN beschreiben ihre
Lernmethoden, die sie in Aufgabe 3a angekreuzt und notiert haben und argumentieren.
Die anderen TN bewerten die Lerntipps für sich selbst und reagieren.

A2 Kopiervorlage: Lerntipps

Bilden Sie Gruppen à 3 TN. Die „Problemkarten" (weiß) liegen verdeckt auf einem Stapel.
Jeder TN bekommt die gleiche Anzahl Tippkarten (mit Hinterlegung). TN 1 zieht ein Problem
und liest vor. Wer einen passenden Tipp hat, darf maximal einen nennen. TN 1 darf dabei
ebenfalls einen passenden Tipp vorlesen. Passen mehrere Tipps, wählt TN 1 aus, welchen sie /
er am besten findet. Dieser Tipp wird abgelegt und der TN, dessen Tipp gewählt wurde, ist an
der Reihe und zieht eine Problemkarte. Ziel ist es, für alle Probleme einen Tipp zu finden.

Zwischendurch mal Sprechen | ISBN 978-3-19-371002-4 | © Hueber Verlag 2018   © iStock/mrPliskin

1 a Was passt? Ordnen Sie zu und lesen Sie.

1 Kannst du bitte etwas   A Russisch?
2 Welche Sprachen   B kein Russisch.
3 Nein. Ich kann leider   C so gut Deutsch.
4 Sprichst du vielleicht   D sprichst du denn?
5 Ich spreche Englisch   E langsamer sprechen?
6 Ich kann noch nicht   F und ein bisschen Französisch.

b Sortieren Sie die Sätze aus Aufgabe 1a zu einem Gespräch und spielen Sie es mit Ihrer Partnerin / Ihrem Partner.

▪ _Kannst du bitte etwas langsamer sprechen?_ _____ (a)

  Ich _____ (b)

● _____ (c)

▪ _____ (d)

● _____ (e)

▪ _____ (f)

2 Zeichnen Sie Smileys und notieren Sie Sprachen auf Karten.
Sprechen Sie dann mit Ihrer Partnerin / Ihrem Partner.

 sehr gut

 gut

 ein bisschen

 nicht so gut

 kein

Chinesisch   Spanisch   Englisch   Deutsch   Arabisch   _____   _____

Sprechen Sie …?

Nein, ich spreche leider kein …

_Ja, ich spreche sehr gut /
gut / ein bisschen …_

Leider nicht so gut.

3 Und jetzt Sie! Sprechen Sie mit anderen im Kurs und finden Sie Ihre gemeinsamen Sprachen.

_Entschuldigung,
sprechen Sie vielleicht
Spanisch?_

_Ich kann auch
ein bisschen …_

Zwischendurch mal Sprechen | ISBN 978-3-19-371002-4 | © Hueber Verlag 2018

© Thinkstock/Stockbyte/Jupiterimages

1 Welche Frage passt? Ordnen Sie zu und beantworten Sie
die Fragen mit Ihrer Partnerin / Ihrem Partner.

1 (C) Kannst du mir vielleicht sagen,
wie man das ausspricht?

2 ( ) Weißt du, ob man das Wort mit
ä oder *e* schreibt?

3 ( ) Welcher Artikel ist hier richtig?
Weißt du das?

4 ( ) Weißt du, wie das auf Deutsch heißt?

5 ( ) Sagt man hier *bin* oder *habe*?

(B) _____ Busfahrt

(A) die B___ckerei

(C) der Ingenieur
[ɪn___eˈnjøːɐ̯]

(D) ich _____ gegangen

(E) _____

2 a Was ist für Sie im Deutschen besonders schwer? Kreuzen Sie an und notieren Sie ins Heft.

( ) neue Wörter   ( ) die Grammatik   ( ) die Artikel

( ) schreiben   ( ) verstehen   ( ) die Aussprache

b Und jetzt Sie! Sprechen Sie mit anderen im Kurs.

*Ich kann mir … nicht / gut /
ganz leicht merken.*

*Geht dir das
auch so?*

*Ich kann nicht so gut /
habe Probleme mit …*

*Ich finde das nicht schwer /
sehr kompliziert / …*

*Für mich ist das auch ziemlich schwer /
nicht einfach / …*

3 a Wie lernen Sie neue Wörter? Kreuzen Sie an und notieren Sie ins Heft.

( ) Ich lerne neue Wörter mit meinem Bildwörterbuch.

( ) Ich lese im Lehrbuch immer wieder die Seiten mit den neuen Wörtern.

( ) Ich zeichne etwas auf ein Kärtchen und schreibe das deutsche Wort dazu.

( ) Ich schreibe alle Wörter auf Deutsch und in meiner Muttersprache auf Kärtchen.

( ) Ich spreche Wörter auf Deutsch und in meiner Muttersprache und

nehme sie mit dem Handy auf. Dann höre ich sie ganz oft an.

b Und jetzt Sie! Sprechen Sie mit anderen darüber, wie Sie Wörter lernen. Argumentieren Sie.

Ich merke mir Wörter gut, wenn ich sie lese / höre / schreibe. Deshalb …

Ich mache das auch so, aber …

Kärtchen finde ich …

Mir hilft es, wenn ich zu den Wörtern Bilder sehe. Deshalb …

Das finde ich nicht sehr praktisch. Ich … lieber …

Vielleicht sollte ich …

Zwischendurch mal Sprechen | ISBN 978-3-19-371002-4 | © Hueber Verlag 2018   © Thinkstock/iStock/werbeantrieb

Ich kann mir diese Wörter
einfach nicht merken!

Ich vergesse immer,
wie man das ausspricht.

Die Leute reden so schnell.
Ich kann gar nichts verstehen!

Ich kann mir nicht merken,
wie man das schreibt.

Wie kann ich mir denn
die Artikel merken?

Wie lernt man denn Grammatik
am einfachsten?

Bei manchen Wörtern höre
ich einfach keinen Unterschied.
Das klingt alles gleich.

Deutsch klingt für mich
noch so fremd.

Hören finde ich viel schwieriger
als Lesen. Ich erkenne die
Wörter manchmal nicht.

Schreib sie auf Zettel und
häng die Zettel in deiner
Wohnung auf.

Du kannst das Wort in einem
Online-Wörterbuch suchen und
dir ganz oft anhören.

Grammatik muss man
einfach üben, üben, üben.
Zum Glück gibt es ja gute
Übungsgrammatiken.

Ich schreibe solche Wörter
zehnmal oder mehr. Das hilft.

Es ist sehr wichtig, dass man
Artikel und Nomen immer
zusammen lernt.

Ich sehe zum Beispiel gern
Filme auf Deutsch. Da hat
man Bild und Text und kann
besser verstehen.

Du solltest ganz oft die Texte
auf der CD hören und im Buch
mitlesen.

Leih dir doch in der Bibliothek
eine Geschichte als Hörbuch
und Buch. Hör sie und lies sie
dabei.

Hör dir ähnliche Wörter oft
zusammen an, zum Beispiel:
lesen – lösen.

Zwischendurch mal Sprechen | ISBN 978-3-19-371002-4 | © Hueber Verlag 2018

LÖSUNGEN

1 Begrüßung

AB1, 1a

A 2; Ärztin: Doktor Zeil; Patient: Herr Götz

B 4; Mann: Timo Beck; Frau: Maria Rossi

C 3; Frau: Frau Will; Mann: Herr Will; Junge: Felix

D 6; Polizistin: Frau Richter; Mädchen: Laura

E 5; Frau: Sylvia; Mann: Jörg

AB1, 1b

Beispiel: A Auf Wiedersehen, Herr Götz! / Doktor Zeil!

B Auf Wiedersehen, Frau Rossi! / Herr Beck!

C Tschüs, Felix!; Auf Wiedersehen, Herr und Frau Will!

D Tschüs, Laura!; Auf Wiedersehen, Frau Richter!

E Tschüs, Sylvia!

2 Zahlen und Daten

AB, 1

2D, 3E, 4B, 5A

AB, 3

13. März Am **dreizehnten dritten**.

21. Oktober Am **einundzwanzigsten zehnten**.

29. Februar Am **neunundzwanzigsten zweiten**.

3 Familie

AB1, 1a

2 Sind Sie verheiratet? 3 Wie heißt Ihr Mann? 4 Sind das Ihre Geschwister? 5 Wie viele Geschwister haben Sie? 6 Haben Sie Familie? 7 Wie alt ist Ihre Tochter? 8 Wie heißen Ihre Kinder?

AB1, 1b

2A, 3B, 4H, 5G, 6F, 7D, 8C

AB2, 1a

1 Nichte 2 Cousine 3 Tante

AB2, 1b

B Bruder C Cousin D Neffe

AB2, 1c

Ist das **der Sohn** von **deinem Bruder** (z. B.: **Ralf**)?;

Meinen Cousin (z. B.: **Niklas**).;

Den Sohn von **deinem Onkel** (z. B.: **Gerhard**)?

KV

Gruppe A Roswitha, Siegfried

Carla, Max, Heike, Simon, Ronald, Ines

Victoria, Peter, Laura

Dominik

Gruppe B Dagmar

Martin, Uta, Bernd, Susanne, Evelyn, Uwe

Robert, Lina, Tom, Sabine, Mathias

4 Zeitangaben und Termine

AB1, 1

2 A, B 3 A, C 4 A, B 5 B, C 6 A, B 7 A, C

AB2, 1a

1C, 2A, 3B

5 Tagesablauf

AB1, 1

B3, C1, D5, E4, F7, G2

AB2, 1

A3, B6, C7, D2, E5, G4

6 Essen und Trinken

AB1, 1a

2K, 3V, 4K, 5K, 6V, 7V

AB1, 1b

1 C; Ist das alles?; Das macht 2,90 Euro. 2 A; Haben Sie auch Bulgur? 3 D; Entschuldigung, wo finde ich die Hefe? 4 B; Nein danke, ich brauche heute keine.

AB2, 1

B4, C1, D2

7 Kleidung

AB1, 1a

Bild A

AB1, 3

2F, 3G, 4H, 5I, 6E, 7B, 8D, 9A

AB2, 1

1 einen breit**en** Gürtel 2 ein**e** rote Bluse

3 ein(/) hübsch**es** Hemd 4 schwarz**e** Handschuhe

8 Interessen und Fähigkeiten

AB1, 1a

2E, 3A, 4B, 5F, 6C, 7D

AB1, 1b

b5, c3, d6, e1, f4, g2

AB2, 1a

1 Ja, und wie!; Das finde ich sehr interessant!

2 Ja, das finde ich okay.; Ja, eigentlich schon.

3 Nicht besonders.; Nein, eher nicht.

4 Das finde ich ehrlich gesagt langweilig.; Das interessiert mich überhaupt nicht.

Zwischendurch mal Sprechen | ISBN 978-3-19-371002-4 | © Hueber Verlag 2018

9 Freizeitplanung

AB1, 1a

2 Wollt ihr nicht mal eine Fahrradtour machen?
3 Möchtest du mal mit zum Schwimmtraining
kommen? 4 Möchtest du am Sonntag mit ins Konzert
kommen? 5 Wollen wir am Sonntag ins Stadion
gehen?

AB1, 1b

Je nach Intonation lassen sich einige Redemittel
unterschiedlich zuordnen.
Beispiel: 1 B, C, D, G 2 F, J 3 A, E, H, I

AB2, 1b

Zusage A, C, D, H Absage B, E, F, G

· ·

10 Arztbesuch und Ratschläge

AB1, 1a

2 Mein Bauch tut weh.; Ich habe Bauchschmerzen.
3 Mein Bein tut weh.; ~~Ich habe Beinschmerzen.~~
4 Meine Augen tun weh.; ~~Ich habe Augenschmerzen.~~
5 Mein Rücken tut weh.; Ich habe Rückenschmerzen.
6 Mein Kopf tut weh.; Ich habe Kopfschmerzen.
7 Meine Finger tun weh.; ~~Ich habe Fingerschmerzen.~~

AB1, 2

2A, 3A, 4P, 5A, 6P, 7A, 8P, 9A, 10A

AB2, 1

A3, B1, C2

AB2, 2

A2, B4, C9, D5, E3, F6, H8, I7

· ·

11 Emotionen

AB1, 1

2 B, D 3 C, E 4 A, C

AB2, 1

b3, c2, d1, e2, f3

AB2, 2a

2E, 3A, 4C, 5D

AB2, 2b

Beispiel: 1Be, 2Ea, 3Ac, 4Cd, 5Df

· ·

12 Richtungs- und Ortsangaben

AB1, 1a

2 Warst du heute im Supermarkt? – Nein, ich gehe
heute nur zum Bäcker. 3 Kommt ihr heute mit
in den Park? – Nein, wir gehen mit Yasmin ins Theater.
4 Das Kleid ist sehr schön. Wo hast du es gekauft? –
Im Kaufhaus am Markt. 5 Geht ihr nach dem Kurs
gleich nach Hause? – Nein. Wir fahren noch zu Lisa.
6 Geht Ihr Sohn schon in die Schule? – Nein, er geht
noch in den Kindergarten.

AB1, 2

2 D; auf dem 3 F; im 4 C; in der 5 E; in die
6 A; auf der

AB2, 1a

2 ins 3 am 4 im 5 zum 6 auf dem 7 in die

AB2, 3a

2H, 3C, 4E, 5B, 6A, 7G, 8D

AB2, 3b

1F+7G, 3C+2H, 5B+4E, 6A+8D

· ·

13 In der Stadt

AB1, 1

1 Ich habe eine Frage. 2 Können Sie mir helfen?
3 Kann ich Sie etwas fragen?
4 Haben Sie einen Moment Zeit?

AB1, 2a

1 das Museum 2 ein Café 3 der Bahnhof

AB2, 1

1B, 2C, 3A

AB2, 2b

A2, B1

· ·

14 Beruf und Arbeitsplatz

AB2, 1a

1 Was machst du beruflich? 2 Wie lange machst du
das schon? 3 Wie findest du deine Arbeit?
4 Was für eine Ausbildung hast du?

AB2, 1b

B1, C1, D4, E3, F3, G4, H3, I4, J2, K2, L1

· ·

Zwischendurch mal Sprechen | ISBN 978-3-19-371002-4 | © Hueber Verlag 2018

LÖSUNGEN

15 Glückwünsche und Einladungen

AB1, 1

1 Alles Gute zum Geburtstag! 2 Herzlichen Glückwunsch zur Hochzeit! 3 Frohe Weihnachten!

AB1, 2

2B, 3A, 4A

AB1, 3

1 B 2 A 3 A, C, D

AB2, 1a

1 Ich möchte euch zu meinem Geburtstag einladen. 2 Ich würde mich freuen, wenn ihr heute Abend kommt. 3 Wir machen am Samstag ein Gartenfest. 4 Nächste Woche machen wir eine Einweihungsfeier.

AB2, 1b

1B, 3D, 4C

16 Wetter

AB1, 1a

2 schneit 3 regnet 4 bewölkt 5 sonnig 6 windig

AB1, 1b

B1, C3, D5, E4, F6

AB2, 1

2B, 3B, 4A, 5A, 6B, 7A, 8B

AB2, 2

Jeweils zwei Informationen passen nicht:

Partner A Es war so **heiß!**; Wir konnten **bestimmt 100 km weit** sehen.

Partner B Auch der Sand war **eisig kalt.**; Es hat jeden Tag mindestens 15 Stunden lang geregnet.

17 Wohnung

AB1, 1a

2B, 3D, 4E, 5A

18 Aussehen und Charakter

AB1, 1a

2D, 3C, 4A, 5B, 6C, 7B, 8D

AB1, 2a

1E, 2D, 3C, 4B, 5A

AB2, 1a

nett, freundlich, sympathisch, streng, fleißig, faul, neugierig, höflich, fröhlich, pünktlich, respektlos

19 Komplimente

AB1, 1a

3, 5, 6

AB1, 1b

A3, B6, D5

AB1, 2a

informell: Gespräch 2, formell: Gespräch 1

AB1, 2b

2 die Uhr 3 die Hose 4 das T-Shirt 5 der Mantel 6 der Ring

AB2, 1a

a E1 c B1 d D1 e C1 f E2 g D2 h B2 i C2

AB2, 2a

1C, 2B, 3D, 4A

AB2, 2b

1 sie Ihnen schmeckt. 2 es Ihnen gefällt. 3 Sie sie mögen. 4 Sie es schön finden.

20 Sprachen lernen

AB1, 1a

2D, 3B, 4A, 5F, 6C

AB1, 1b

b Ich kann noch nicht so gut Deutsch. c Sprichst du vielleicht Russisch? d Nein. Ich kann leider kein Russisch. e Welche Sprachen sprichst du denn? f Ich spreche Englisch und ein bisschen Französisch.

AB2, 1

1 C; ɪnʒeˈni̯øːɐ̯ 2 A; die Bäckerei 3 B; **die** Busfahrt 4 E; **der** Briefkasten 5 D; ich **bin** gegangen

Zwischendurch mal Sprechen | ISBN 978-3-19-371002-4 | © Hueber Verlag 2018